창의성은 폭풍우처럼

단순함: 디자인, 기술, 비즈니스, 생활
편집인, 존 마에다

창의성은 폭풍우처럼
THE STORM OF CREATIVITY

키나 레스키 지음
정인희·정연희 옮김

존 마에다의 서문

에피파니

THE STORM OF CREATIVITY by Kyna Leski

© 2015 Massachusetts Institute of Technology

All rights reserved.
This Korean edition was published by Epiphany in 2017 by arrangement with
The MIT Press through KCC(Korea Copyright Center Inc.), Seoul.

이 책은 (주)한국저작권센터(KCC)를 통한 저작권자와의 독점계약으로
에피파니에서 출간되었습니다. 저작권법에 의해 한국 내에서 보호를 받는
저작물이므로 무단전재와 복제를 금합니다.

이 도서의 국립중앙도서관 출판예정도서목록(CIP)은 서지정보유통지원시스템
홈페이지(http://seoji.nl.go.kr)와 국가자료공동목록시스템(http://www.nl.go.kr/kolisnet)에서
이용하실 수 있습니다. (CIP제어번호 : CIP2017011276)

to (s)p
—the b

차례

존 마에다의 서문　　11
감사의 말　　15
머리말　　19

1　　창의성은 폭풍우처럼　　25
　　폭풍우　　25
　　창의성의 실체와 현상　　32

2　　학습의 무효화　　35
　　브레인스토밍에 대한 선입관 버리기　　38
　　불확실성　　41
　　주의집중성　　52

3　　문제 만들기　　63
　　문제 정의하기　　68
　　문제의 틀 짜기　　69
　　문제의 한계　　72
　　문제 다듬기　　75
　　성공적인 문제 만들기　　76

4 모으기와 뒤쫓기　79
　　모여 이루어진 것　82
　　지성　88
　　뒤쫓기　94

5 밀고 나아가기　103
　　통사론　107
　　언어라는 재료　109
　　지각과 구상을 향해 나아가기　114

6 지각하기와 구상하기　117
　　"감각에 집중하라"　118
　　의학에서의 예　126
　　반대로 보기　130
　　발견과 발명의 뿌리　132
　　아직 존재하지 않는 것에 투자하기　135

7 앞을 내다보기　141
　　상형문자　147
　　통찰 도면　149
　　클레가 주는 교훈　154
　　반복되는 주기　156
　　상상하기와 상상에 대해 좀 더 하고 싶은 말　157

8 연결하기 161
　　연결자 다윈　163
　　여러 저장탑을 아우르는 연결　167
　　구성에서 나타나는 연결　169
　　유추: 연상 로직을 통해 발견되는 연결　171
　　소명에 이끌린 연결　174
　　동시 발생: (아직)알아내지 못한 의미 있는 연결　177

9 잠시 멈추기　185

10 계속하기　195
　　시작　197
　　다시 시작하기 또는 재시작　199
　　망각과 '실패'로부터 다시 시작하기　202
　　초심 유지하기와 집착 끊기　206
　　완전한 단념　208
　　창작의 연속선상에서　210

　　주　215
　　옮긴이의 말　219
　　참고 문헌　225
　　이미지 저작권　233
　　찾아보기　237

서문

존 마에다/John Maeda

로드아일랜드 스쿨 오브 디자인(RISD)의 총장으로 임명된 직후, 나는 보스턴의 어느 건축회사에서 디자인에 관한 강의를 하게 되었다. 키나 레스키에 대해서는 MIT 동료 교수를 통해 들은 바가 있어, 그녀에게 연락을 취해 공동 강의를 제안했다. 승낙은 받았지만, 따지고 보면 위험을 자초한 셈이었다. 우리는 한 번도 만난 적이 없는 사이였기 때문이다.

나는 창의적인 사람으로서 내가 습관적으로(그러나 여전히 상당한 불편함을 느끼며) 새로운 시도를 한다는 사실을 알고 있다. 그것은 내가 진정한 배움을 얻는 유일한 방법이기도 하다. 그래서 나는 그 강의를 위해 내 편안함을 버리고 생면부지의 사람을 끌어들인 것이다. 한편 나는 키나도 내 제안을 주저하지 않고 수락한 사실에 주목했다. 그 사실은 그녀가 실험에 대해 개방적인 사람임을 말해주었다. 나는 그런 자질을 좋아해서 그 점에 대해 동류의식을 느꼈다. 그날이 되어 사람들 앞에서 강의하는 키나의 모습을 지켜보며 나는 가슴속에서 또 다른 감정을 느꼈다. 그것은 오롯한 기쁨이었다.

7년 전에 느낀 그 기쁨의 감정은 이 책을 읽으면서 몇 배로 불어났다. 이 책은 그녀가 직접 말하는 것처럼 읽힌다. 키나는 구조적 완전함을 이루기 위한 공학 공식에서부터 시의 완벽한 운율에 이르기까지 여러 지식 분야의 언어를 구사할 수 있는 사람이다. 그녀와 대화를 나눌 때면 늘 윌리엄 커스버트 포크너의 작품을 읽을 때가 떠오른다. 그녀가 말을 하면 정보가 홍수처럼 쏟아져 나와 늘 얻어갈 것이 아주 많기 때문이다. 그런 만큼 그녀가 말하는 여러 부분들이 어떻게 전체를 이루는지 놓치기 쉽다. 한번은 아이디어의 토네이도로 형상화한 키나의 모습을 포스트잇에 담아 그 스케치 초상화를 그녀에게 보낸 적도 있었다.

이 책은 키나의 마음속에 존재하는 폭풍우를 우아하게 해체한 것이다—열 개의 부분이 모여 전체를 이룬다. 폭풍우는 그녀의 창의성 교육의 핵심에 있는 것으로, 각 장마다 폭풍우에 대한 다른 관점이 제시된다. 하지만 어느 하나의 관점이 다른 관점보다 더 중요한 것은 아니다. 열 개의 장을 처음부터 읽어나가는 것도 더할 나위 없이 좋은 방법이겠지만, 아무 페이지나 펼쳐 거기서부터 읽기 시작해도 전혀 무리가 없다. 이 책의 전반에 흩어져 있는 점들을 연결하는 것은 **여러분**이 할 일이다. 키나가 8장에서 "창의성이란 연결하는 것, 혹은 이미 연결된 것을 눈에 보이게 하는 것이다."라고 말한 그대로이다.

실리콘밸리로 옮긴 뒤, 나는 종종 신생기업 문화의 핵심 구호로 사용되는 "빨리 실패하라."라는 말을 주문처럼 듣는다. 당연하게도 그 말에는 창의적인 아이디어를 출범시키려면 빠르게 반복하는 것이 중요하다는 속뜻이 담겨 있다. 이는 내가 RISD나 MIT에 재직하던 당시에 학습의 중요한 측면으로 주장되던 바와 다르지 않다. 내 저서이자 MIT 프레스에서 펴낸 본 시리즈의 시발점이 된 《단순함의 법칙》(The Laws of Simplicity)에는 실패라는 제목으로 한 장(하나의 법칙)이 할애되어 있다. 내가 무척 흥미롭게 생각하는 점은 시중에 나와 있는 창의성에 관한 책들 중 **실패**라는 제목의 장이 없거나 그 단어를 쓰지 않은 책은 키나의 책이 유일할지 모른다는 사실이다. 그게 어떻게 가능하단 말인가?

  내가 짐작하는 바로는 다른 모든 훌륭한 디자이너들처럼 키나도 뿌리에서 뿌리를 분리하고 그 뿌리를 또 다시 분리했기 때문일 것이다. 경영대학원의 어법을 빌리면, 그녀가 '다섯 가지 왜'에 대답을 했기 때문일 것이다. "왜 X이지?" "Y이니까." "왜 Y이지?" "Z이니까," 이런 식으로 더 이상의 "<뭔가>이니까"가 나오지 않을 때까지, 핵심 아이디어나 이슈가 발견될 때까지. 키나는 말 그대로 자연의 힘인 폭풍우와 함께 시작하고 폭풍우와 함께 머물고 폭풍우와 함께 끝냈다. 그녀는 원자 수준, 대기권 수준, 인간의 수준에서 딱 적당한 만큼의 시와 시각자료를 통해 우리가 작업할 언어를 제공했다. 키나는 2장에서 "나는 건축가로서 [폭풍우의] 내부는 [폭풍우의] 외부와 어떻게 연결되는가?, 라고 묻는다."라는 질문을 던졌고, 이에 답했다. 그러니 탐험을 나설 때 우산과 장화는 반드시 집에 두고 떠나라.

      클라이너 퍼킨스 코필드 & 바이어스
      Kleiner Perkins Caufield & Byers
  (실리콘 밸리에 있는 벤처 캐피탈 회사로 1972년에 설립되었으며, 현재 존 마에다는 이 회사의 디자인 파트너로서 신생기업을 대상으로 비즈니스 디자인의 영향력에 관한 자문을 담당하고 있다.—옮긴이)

감사의 말

이 책을 출판해준 MIT 프레스에, 특히 편집국장인 밥 프라이어, 원고 편집자인 데버라 캔터-애덤스, 그리고 디자이너 에린 해슬리에게 감사한다.

레이저 광선 같은 비전을 보여주고 삶을 지지해준 존 마에다에게 감사한다. 내 말에 동행해준 당신의 말에 나는 깊은 감동을 받았다. 심심한 감사를 표한다.

스콧 쿠퍼에게, 나와 함께하며 쏟아 부은 그의 노고에 깊이 감사한다. 그는 내 원고를 쪼개고 다시 붙여 논리 정연하게 만들어주었다.

RISD의 전임 교무처장인 제시 셰프린에게도 감사의 마음을 전한다. 제시의 고결한 인품은 멸종 위기로 느껴질 만큼 드문 것이다. RISD의 건축학과 학과장인 로라 브리그스에게도 깊은 감사의 마음을 표한다. 그녀는 내가 청하기도 전에 시기적절한 도움을 베풀어주었다. 폭풍우에 대한 생각을 키운 그 세월 동안 나와 함께 대화를 나눈 많은 친구들에게도 깊이 감사한다. 시인 스튜어트 블레이저에게 감사한다. 7장에 그의 시가 실려 있다. 그의 훌륭한 작품을 더 많은 사람들이 접한다면 세상은 더 좋은 곳이 될 것이다. 프리드리히 St. 플로리안에게,

그의 가르침과 우정에 감사한다. 시각예술가인 크리스틴 존스에게, 용기를 북돋아주는 그 너그러운 영혼에 감사한다. 사색가이자 교사이며 건축가인 데이비드 거스턴에게, 내가 알기로 가장 훌륭한 연결자인 리처드 솔 워먼에게 감사한다. 브라운대학교의 역사학과 교수이자 수학사가인 조앤 리처즈에게 감사한다. 그녀는 지난 한 해 동안 내 영적인 안내자가 되어주었다.

프랭크 R. 윌슨과 엘리엇 워쇼의 도움에도 감사한다.

건축가 피터 린치는 RISD의 핵심 교육과정에 사용할 문제를 함께 만들면서 폭풍우를 '원형 추리'(proto reasoning)에 비유했다. 그 당시 우리가 만든 문제는 '블록 문제'(block problem)로 통하게 되었다. 그 문제와 함께 '디자인 원칙 만들기' 수업에 쓰려고 만든 다른 문제들도 전 세계 건축학과들로 퍼져나갔다. 이 수업을 맡아 가르침으로써 이 교육에 기여한 모든 교수들에게 감사한다.

내 학생들에게, 그들이 보여준 목적의식에 감사한다. 특히 이제는 친구이자 동료가 된 내 학생들에게 감사한다. 몇 명만 이름을 대자면 잭 라이언, 올가 메사, 마커스 섀퍼, 존새러 루스가 그들이다.

또한 내 선생님들께도 감사의 마음을 전하고 싶다. 로즈메리 판탈레오 시츠 선생님은 예술에서의 엄격함과 정밀함에 대해 알려주셨다. 토머스 디펠토 선생님은 기하학을 통해 추상적으로 사유하는 법을 가르쳐주셨다. 존 헤이덕 선생님은 내 다이몬(이에 대해서는 8장 참조.–옮긴이)에게 말을 걸어주셨다. 지적인 화가 로버트 슬럿스키 선생님, 춥고 건조한 시기를 겪은 건축학을 다시 구체적인 것으로 만들어주신 수 거소 선생님, 건축학자들을 위한 건축사가인 로빈 에번스 선생님, 건축가 라파엘 모네오 선생님, 삶에 대한 내 관점을 바꾸어준 스티븐 제이 굴드

선생님께도 감사드린다.

    내 아버지 타데우시 마리안 레스키와 내 어머니 아이리스 레스키에게 감사의 마음을 전하고 싶다. 아버지는 재능 있는 건축가로, 삶에서 자원을 끌어오는 것을 숨쉬기처럼 중요한 과정이 되도록 가르쳐주셨고, 어머니는 시와 연극을 알려주셨다.

    마지막으로 이 모든 것 아래에서 고요한 물의 순환이 되어준, 건축가이자 교수이자 동료이자 파트너이자 남편인 크리스 바트에게 감사의 빚을 졌다.

머리말

이 책은 창작의 과정을 설명한다. 나는 선생, 학생, 제작자, 작가, 그리고 건축가로서 숱하게 많은 창작 과정—실제로는 여러 과정들이 모여 하나의 더 큰 과정을 형성한다—을 직접 경험하고 관찰했다. 이런 과정들을 창의적인 사람이 되기 위한 레시피로 따르라고 주장하려는 것은 아니다. 나는 그저 내가 관찰한 바를 기술하여 그 보편성을 납득시키고 여러분 자신의 창작에서 그 과정들을 인식하고 있어 달라고 말하고 싶은 것이다.

실로 많은 과정들이 아직 존재하지 않는 것을 알아차리거나 만들거나 발견하는 그 항해의 전체 과정을 구성하는 단계들이다. 이 단계들은 미리 정해져 있거나 외부에서 강요할 수 있는 것이 아니다. 오히려 우리는 이 단계들을 내면에서 경험한다. 창작자에게 한 단계는 내면에서 조용히 시작될 수 있는데, 그것은 그 과정에 힘을 실어주는 것일 수도, 약화시키는 것일 수도 있다. 간단히 말해서 창작 과정은 당신보다 더 크다. 창작 과정은 서서히 모이기 시작하여 형태를 갖추다가 마침내 당신을 덮치는—그렇게 되도록 기꺼이 내버려둔다면—폭풍우와 같다.

그렇다고 당신이 맡을 중요한 역할이 없다는 말은 아니다. 그와는 반대로, 작은 회오리바람이 큰 허리케인의 도화선이 되듯, 개개인도 어떤 목적을 활성화하는 혼돈을 일으킨다. 그 목적에 따라 매일 뭔가를 표현하고 선택해나가면서 재료와 생각을 모으거나 버리게 되는 것이다.

여러 방안을 모색하고 의문을 제기하고 선입관을 버리고 좌절감을 경험하면서, 할 만큼 했지만 이제는 완전히 지쳤다고 느껴지는 시점에 이르면 사람들은 종종 단순하고도 천진한 질문을 내게 던진다. "어떻게 알아요?" 뭘 할지, 어디로 갈지, 적당한 때가 언제인지 어떻게 알아요? 이 책에서 당신은 그 질문에 대한 내 대답을 듣게 될 것이다. 그 대답은 내가 창의성에 대해 관찰한 바에 근거한 것이다.

이 책은 창의성에 대한 전반적인 내용을 다룬다. 앞으로 나올 내용에서 건축과 관련된 예를 몇 가지 들겠지만, 이 책이 예술이나 건축에 관한 책은 아니다. 나는 나 자신의 작업을 통해, 그리고 다른 건축가, 디자이너, 화가, 시인, 교육자, 공학자, 발명가, 수학자, 과학자들과의 상호교류를 통해 창작 과정이 어떻게 전개되는지에 대한 강렬한 경험을 할 수 있었고, 이로써 창작 과정의 본질적인 단계들에 대해 더 잘 이해할 수 있게 되었다. 내가 관찰한 바로는 창의성이 요구되는 분야가 예술이건 과학이건 기술이건 사업이건 또 무엇이건 간에 이런 단계들은 본질적으로 동일하다. 따라서 이 책에 쓰인 내 생각들은 다른 누군가가 창작 과정을 주제로 나눈 대화라고 해도 무방할 것이다. 교육과 창의성에 관한 저술가와 강연자로 유명한 케네스 로빈슨 경은 "창의성은 특정한 활동에 배타적인 것이 아니다. 창의성은 인간의 지성이 능동적으로 참여하는 어느 활동에서나 발휘될 수 있다. 창의성은 구체적인 활동 유형이 아니라 지성의 한 속성이다."[1]라고 썼다. 나는 내가 관찰한 창작 과정이 보편적인 것이라고 자신 있게 말할 수 있다.

창작 과정을 가장 잘 들여다보려면 하루하루의 작업 내용에 대한 기록을 보면 된다. 그 기록은 무엇보다 창작자의 치열한 노력, 의심, 고된 노동, 수정, 새롭게 드러나는 사실, 비약적인 전개, 그리고 후퇴의 순간을 잘 보여준다. 찰스 다윈(Charles Darwin)의 편지는 누구나 볼 수 있게 개방되어 있던 자연의 법칙들을 그가 어떻게 비약적으로 연결해냈는지를 직접 살펴볼 수 있는 자료다. **그**가 그 원칙들을 연결할 수 있었던 것은 **그**의 노력과 마음자세 덕분이었고, 그가 이룬 업적은 생물학뿐 아니라 우리가 생명을 바라보는 관점을 완전히 바꾸어놓았다.

메모에 근거해 초안을 잡고 다시 여러 번의 수정을 거치는 창의성의 반복적인 순환주기가 의식적인 과정 없이 반영된 원고는 특히 우리에게 알려주는 것이 많다. 《프레의 창작》(The Making of the Pré)은 프랑스 시인이자 에세이 작가인 프란시스 퐁주(Francis Ponge, 1899-1988)가 시 한 편을 쓰는 데 걸린 4년 동안의 과정을 기록한 책이다.[2] 책의 마지막에 나오는 시, 혹은 퐁주 자신이 즐겨 말하기로 난해한 에세이인 〈프레〉를 쓰는 동안 그가 쓰고 고치기를 반복한 과정 전체가 원고로 남겨졌고, 그 일부가 이 책이 되었다. 전체 원고의 작은 부분에 불과하지만 이 책이 다루고 있는 것이 바로 창작 과정이다. 《프레의 창작》의 1백 페이지 분량은 창작 과정을 가장 잘 보여주는 기록 중 하나이다.

프레(pré)는 접두사로 present('현재의', '존재하는', '선물' 외에도 여러 가지 뜻으로 쓰이는 present는 원래 pre+sent, 즉 '앞에 존재하다'라는 의미에서 비롯했다.—옮긴이)와 preparation(영어로 '준비'라는 뜻.—옮긴이)에서 볼 수 있다. 〈프레〉는 창작 과정과 그 시작에 관한 내용이다. 나는 퐁주와 이 책에 대해 감사하는 마음이 매우 크다. 내가 창작 과정에서 관찰한 바가 이 기록된 원고를 통해 확인되고 증명되기 때문이다.

나는 종종 창작 과정의 첫 시작이 길을 걷다 숲 속의 빈터와 마주치는 것과 같다고 생각한다. Pré는 또한 풀밭을 일컫기도 한다. 프랑스어로 풀밭은 생성력을 지닌 부드러운 땅, '굳어있기보다는 액체 상태가 아닌' 땅, '발을 디딜 수 있을 만큼'만 단단한 땅을 의미한다. 풀밭처럼 Pré도 단단히 굳지 않아 불안정한 땅, 엄청난 생성력을 지닌 장소, 주의를 기울이고 각성하게 되는 공터…… 멈추는 곳…… 선택과 출발이 일어나는 장소이다. 이 설명 또한 창작 과정을 아주 잘 보여준다. 머리말을 쓰면서 나는 «프레의 창작»을 다시 읽었는데, 재독하는 순간에야 나는 그 4년간의 창작 기간이 폭풍우가 일어나고 부서지고 지나간 시간이었음을 깨달았다. 퐁주는 그 원고를 쓰기 시작하고 2년째에 접어들었을 때 Pré를 '비의 녹색 화신'으로, 풀밭의 풀에 대해서는 풀이 펌프질해 올린 '실낱같은 풀잎에 맺힌 이슬방울은…… 풀잎의 눈이런가.'라고 묘사한다. 퐁주는 '애초의 성난 폭풍우에서 부드러운 결과가, 부드러움 속에서 끈기와 인내가 나온다.'라고 말한다.

    나 또한 다른 많은 사람들처럼 창작 과정에서 무의식이 해내는 역할―아이디어가 난데없이 튀어나오는 것 같다―에 깜짝깜짝 놀라곤 한다. 나는 퐁주가 사용한 폭풍우의 비유를 까맣게 잊고 있었다. 차차 알게 되겠지만, 망각은 의도되었건 자기도 모르게 일어나건 간에 창작 과정의 한 단계이다. 똑같이 중요하지만 망각과는 대척점에 있는 것이 앞을 내다보려는 노력이다.

    우리는 미래에 구현될 뭔가를 설계할 때, 해결책을 기대하는 문제를 만들 때, 인생을 항해하거나 어떤 것을, 특히 빈 페이지를, 글이 막히는 순간을, 혼돈을, 무질서를, 욕구를, 질문을 통과하면서 이번 걸음과 다음 걸음을 연결시킬 때 앞을 내다본다. 창작 과정이란 이러한 통과의 이야기이며, 그 창작물의 이용자에게, 독자에게, 거주자에게, 청중에게,

관람자에게 그 창작자를 대변해준다.

 이 책과 각 장의 구성에 대해 약간의 설명이 필요할 것 같다. 우리는 과정이 직선이라고 생각하지만, 내가 이 책에서 기술하는 창작 과정은 직선이 아니다. 그럼에도 책이란 한 장씩 순서를 따라야 하는 것이어서 직선적일 수밖에 없고, 따라서 나도 창작 과정을 직선적으로 기술하는 방법 말고는 선택의 여지가 없었다. 하지만 나는 여러분이 그 과정을 직선적인 것이 아니라 순환적인 것으로 생각해주면 좋겠다. 가끔은 순환주기 내의 단계들이 원래의 자리로 되돌아가기도 하고, 완료된 것이 다시 해체되기도 할 것이다. (게다가 과정 내의 단계들 그 자체가 순환한다!) 내가 설명한 단계들 중 어떤 단계는 한순간에 일어나기도 하고, 또 어떤 단계는 수십 년에 걸쳐 일어나기도 한다. 어떤 주기는 뭔가를 만들고 다음 주기로 전환되는 과정을 계속 이어가겠지만, 어떤 주기는 흐지부지 사라질 것이다.

 창의성은 시작도 끝도 없는 길이다. 당신이 만들어내는 것이 결코 종착지는 아니다. 창의성은 공식적인 결과물을 내놓는 것이 아니라 계속 진행되는 과정이다.

폭풍우의 중심에서 바라보기 1.

1
창의성은 폭풍우처럼

Create의 어원은 라틴어의 creāre이다. '만들다', '생산하다', '자라나게 하다'라는 뜻이다. 뭔가가 만들어진다는 것은 그것이 존재하게 된다는 말이다. 즉 그 뭔가는 새로운 것이다. 이 라틴어 단어는 '생기다'라는 뜻인 crēscere와 관련된다. 여기에서 crescent moon, 초승달이 나왔다.

Create라는 단어는 창작 과정과 창의성의 뿌리가 되는 것이다.

창의성이 이 세상에 영향력을 미친 지는 1백만 년이 넘지만, 창작 과정 자체와 그 과정에서 촉매가 되는 지점들은 본질적으로 늘 동일했다. 문명이 더 세련되게 발전하면서 달라진 것은 우리가 창의성을 펼치는 **방법**, 특히 우리가 사용하는 도구들이다.

폭풍우

나는 여러분에게 새로운 뭔가가 생기는 과정을 보여주기 위해 그 과정을 폭풍우에 비유하고 싶다. 내가 보기엔 창작 과정이 바로 폭풍우와 같기 때문이다.

창작 과정이 어떻게 폭풍우와 같은가? 그 과정은 무(無)와 같은 상태에서 시작하는데, 이런 점이 습기가 응결되고 상승하여 먹구름을 형성하는 폭풍우의 과정과 상응한다. 예컨대 저기압의 상승기류에서 시작되어 허리케인으로까지 이어지는 폭풍우의 과정은 무의 상태에서 일어나는 것처럼 보인다. 따뜻한 열대 바다가 물 분자들의 충돌을 일으키고, 충돌하는 물 분자들의 일부가 액체 상태를 벗어나 수증기가 된다. 수증기는 상승하면서 응결되고, 그때 열에너지를 방출하여 구름을 이루는 물방울과 얼음결정을 형성한다.

폭풍우는 교란 물질로부터 생겨나, 있던 것을 몰아내고 불안정한 상태를 만든다. 폭풍우는 에너지와 재료를 모은다. 힘을 모으고 방향을 잡는다. 밀고 나아가고, 밀려 나아간다. 폭풍우는 비에 젖은 땅에서 무지개나 온갖 다른 효과에 이르기까지 결과가 있다. 그러나 폭풍우에 구분 가능한 시작과 끝은 없다. 창작 과정도 이와 똑같다.

창작 과정이 폭풍우와 같은 것은 어떤 특정한 상황에서 방향을 잡고 힘을 모으고 의도를 형성한다는 점에도 있다. 창작 과정은 역동적이다. 한순간에 시작되었다가 한순간에 멈춘다. 한순간에 격렬해졌다가 한순간에 감쇠한다. 한순간에 밀려왔다가 한순간에 밀려 나간다. 이 모든 것이 폭풍우의 특징이다.

더욱이 폭풍우의 규모는 서로 다르다. 비교적 클 수도 있다. 비교적 작을 수도 있다. 모래바람에서 모래폭풍까지, 소나기에서 허리케인까지 다를 수 있는 것이다. 하지만 실제로 얼마나 큰지와는 무관하게 우리는 폭풍우를 몇 개의 규모로 나눌 수 있다. 창작 과정도 같은 방식으로 구분할 수 있다.

폭풍우는 또한 전염성이 있다. 창작 과정도 마찬가지다. 한 폭풍우가 다른 폭풍우의 공급원이 되듯 누군가의 창의성이 또 다른 누군가의 창의성에 대한 공급원이 될 수도 있다. 폭풍우와 창의성 모두 유동체처럼 경계가 분명하지 않다. 하나의 폭풍우에 하나의 원을 그려 그 경계를 표시할 수 없듯 하나의 창작 과정에 대해서도 그러하다. 허리케인은 대서양을 건너가면서 그 경계를 끊임없이 변화시킨다. 기상채널의 어떤 컴퓨터 모형도 폭풍우의 정확한 형태를 포착해내지 못한다.

폭풍우도 창작 과정처럼 늘 움직이고 있다. 폭풍우와 창의성 모두 그 조건들에 의해 형성되듯, 그 조건들도 그것들에 의해 형성된다. 둘 다 주어진 상황에서 뭔가를 받아들여 생산하고 고갈시키기를 반복한다. 폭풍우에서 나온 바람과 물이 풍경과 지형을 만든다. 기온과 습기와 풍경과 지형이 폭풍우를 형성한다. 창작 프로젝트는 주어진 상황의 조건과 내용과 힘을 바탕으로 성장한다. 한편 창작 과정이 애초의 목적과는 완전히 다른 목적을 위한 것으로 전환될 수도 있다. 서로가 서로를 형성하는 것이다. 즉 하나의 창작 작업이 다른 창작 작업을 바탕으로 성장하고, 두 창작 작업은 그렇게 상호적인 것이 된다.

반복 또한 폭풍우와 창의성의 공통점이다. 반복되는 하나의 과정이 폭풍우의 여정 많은 부분에서 폭풍우의 수직축을 따라가는 순환주기에 계속 나타난다. 폭풍우에서처럼 창작 과정의 순환주기에도 수정과 생산이 포함된다. 그 여정을 따라가는 순간순간에 가속도가 붙었다 떨어지고, 연료가 채워졌다 고갈된다. 창작 과정에서는 이것이 폭풍우의 에너지와 상응하는데, 이 에너지는 생산되고 소멸되기를 반복한다.

폭풍우가 그 여정을 따라가는 동안 끊임없이 새로운 재료가 모아진다. 폭풍우의 경우 폭풍의 눈에서 일어나는 저기압성 운동이 재료를 모으는 시스템이다. 습기와 열기가 모여 폭풍우에 연료를 공급한다. 창작 과정에서도 마찬가지다. 가속도는 어떤 일회적인 반복보다 더 강력하다.

그리고 폭풍우가 땅에 남긴 물이 물 순환주기의 일부가 되어 새로운 폭풍우를 시작하게 하거나 더 정확하게는 이미 존재하는 폭풍우를 계속 존재하게 하듯, 창작 과정도 시작하고 다시 시작하기를 반복한다.

폭풍우와 창의성의 결과는 실제적이고 구체적이다. 그 결과들은 세상, 창작자, 그리고 창작물과의 상호작용 속에 있는 사람들 사이의 **주고받음**에서 발견된다. 그들은 예술작품을 바라보는 관람자, 아이디어의 수용자, 새로운 치료를 받는 환자, 완공된 집에 사는 거주자, 공예품의 사용자일 수 있다. 그런 관점에서 보면 '창작'은 진실로 '보는 사람의 (마음의) 눈'에서 일어나는 것이며, 따라서 창작 과정의 주된 결과는 바로 이런 전환이다. 미국의 위대한 시인 월트 휘트먼(Walt Whitman, 1819-1892)은 《풀잎》(Leaves of Grass)에서 이렇게 썼다.

모든 건축물은 당신이 그것을 볼 때 그것에 대해 어떤 생각을 하는지로 정의된다.
(그 건축물을 보면서 흰색, 아니면 회색 석조물이라고 생각했는가? 혹은 아치와 처마 돌림띠의 선에 대해 생각했는가?)

모든 음악은 당신이 악기를 떠올릴 때 당신에게서 깨어나는 무엇으로 정의된다.
그 무엇은 바이올린도 코넷도 아니고, 오보에도 드럼도 아니고, 달콤한 로만자를 부르는 바리톤 가수의 악보도 아니고, 남성 합창곡 악보도, 여성 합창곡 악보도 아니다.
그 무엇은 그것들보다 더 가깝거나 더 멀다.[1]

휘트먼은 결과란 건축물이나 음악 자체가 아니라, 건축물이나 음악이 그것을 보는 사람, 관찰하는 사람, 듣는 사람과 하게 되는 주고받음이라고 말했다. 구체적인 예로, 과학 분야의 창의성이 우리가 사물을 바라보는 관점을 얼마나 크게 바꾸어놓았는지를 들 수 있다. '일출과 일몰'이라는 표현은 코페르니쿠스에 의해 움직이는 것은 태양이 아니라 우리가 살고 있는 지구라는 사실이 밝혀지기 전에 사용하던 것이다. 코페르니쿠스의 혁명 이후로 우리가 우주를 이해하는 관점은 달라졌다.

앞서 나는 무지개에 대해 말했다. 무지개는 폭풍우가 만들어내는 가장 흥미롭고 구체적인 결과라 할 수 있다. 이는 창작 과정에서 만들어지는 구체적인 결과와 유사하다. 타자에 의해 경험되는 현상이라는 것이 그 유사점이다. 무지개는 비가 내리면서 햇빛을 굴절시키고 반사시킬 때 나타난다. 햇빛이 물방울의 볼록한 구면(球面)을 통과하다 부딪혀 꺾이면서 빨주노초파남보의 빛을 분산시킨다. 물방울을 통과하는 스펙트럼 광선은 구면의 오목한 뒤쪽에 닿으면서 반사를 일으키는데, 이때 빛은 애초에 들어왔던 것과는 다른 각도로 빠져나간다. 이는 물을 구성하는 물질이 햇빛의 속도를 느리게 만들기 때문이고, 또한 햇빛이 물방울의 곡면(曲面)에 닿을 때 꺾이기 때문이다. 즉, 물방울의 곡면에서 햇빛의 방향을 바꾸는 충돌이 일어난다는 말이다. 햇빛을 구성하는 다양한 색깔이 각기 다른 각도와 속도로 꺾여 햇빛 자체를 굴절시키면서 여러 색깔의 스펙트럼이 형성되는 것이다. 이어, 햇빛이 물방울 뒤쪽의 곡면에서 각기 다른 각도로 반사되면서 각 색깔의 빛이 저마다의 궤도로 뻗어나간다.

무지개가 만들어지는 과정에서 일어나는 모든 구체적인 작용이 무지개라는 결과에 기여하듯 창작 과정도 마찬가지다. 스펙트럼을 통과한 광선은 관찰자의 눈과 만나지만, 그 만남은 관찰자가 그 광선이 보이는 자리에 있을 때에만 가능하다. 즉, 무지개의 상(像)이 형성되는 것은 광선이 관찰자의 눈과 만날 때만이다. 많은 물방울에서 나온 일부 광선이 우연히 눈의 수정체에 닿았을 때에만 무지개의 상이 형성되는 것이다.

하늘에 보이는 무지개는 관찰자의 눈과 일직선이 되게 굴절을 일으킨 빛이 반사된 결과이다. 당신이 보는 무지개는 다른 관찰자들이 보는 무지개와는 다르다. 관찰자의 눈과 일직선으로 굴절과 반사를 일으키는 빗방울 무리는 보는 사람마다 다 다르기 때문이다. 떨어지는 빗방울은 그 단 하나의 광선을 통과하는 그 한 순간에만 이러한 기능을 수행하는 위치에 있는 것이다. 떨어지던 빗방울은 계속 떨어질 뿐이고, 그 위치에 들어가 빛의 굴절과 반사를 다시 일으키는 것은 다른 빗방울이다. 떨어지는 빗방울에 의해 하늘에 무지개가 걸려 있는 것은, 이런 전환이 일어날 수 있도록, 그리하여 이 창조 현상이 나타날 수 있도록 태양과 빗방울과 관찰자가 적절히 배치되어 있는 그 짧은 시간 동안만이다.

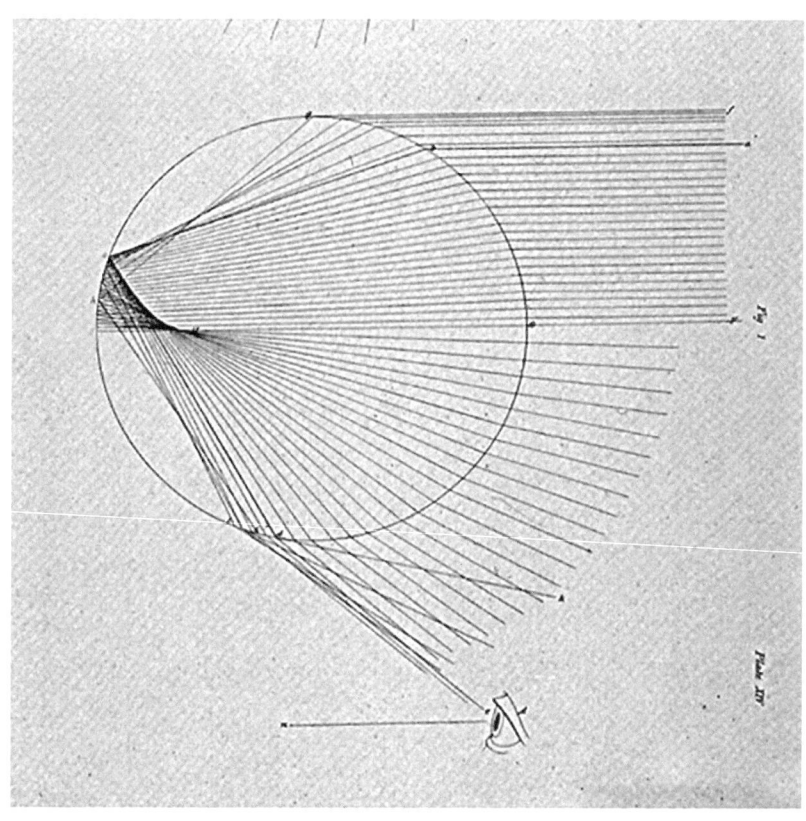

빗방울을 통과하며 굴절을 일으키는 빛의 광학 현상.

창의성의 실체와 현상

Noumenon(실체)이라는 영어 단어를 잘 알고 있을 것이다. 그 단어는 phenomenon(현상)이라는 단어와 관련이 있다. 두 단어 모두 접미사 menon을 공유한다. Pheno는 '감각의'라는 뜻이고, nou는 '마음, 정신'이라는 뜻의 noos에서 나온 것이다. 둘을 붙인 그리스어 phainomenon은 '시야에 나타나는 것'이라는 뜻이다.

사전적 의미로, noumenon은 "경험적으로 인식할 수 없는 대상인데 비해, phenomenon은 경험적으로 얻을 수 있는 감각적인 내용의 근거나 원인을 일컫는다." 즉, 실체는 현상을 나타내기 위해 공모하는 여러 측면들로서 마음속에 형성된다. 실체와 현상 둘 다 창의성에, 즉 뭔가가 만들어지는 과정과 경험에 작용한다.

현상이란 무지개나 일식처럼 경험되는 사건을 말한다. 무지개나 일식을 존재하게 만드는 것은 누군가가 그곳에 있으면서 무지개나 일식을 경험한다는 사실이다. 즉, 날마다 지구상의 어느 곳에서는 비가 내리고 햇빛이 빗방울을 통과한다. 무지개의 장관은 굴절된 광선과 일직선에 서 있는 사람이 스펙트럼으로 나타나는 것을 봐야만 가능한 이야기이다. 무지개를 보는 사람이 현상을 완성한다는 말이다. 관찰자의 망막이나 그 상(像)을 모으는 뇌 없이는 현상도 없다. 현상은 감각을 거침으로써 존재한다.

일식에 대해서도 마찬가지다. 관찰자 없는 일식은 의미 없는 사건이다. 어쨌거나 달과 태양은 늘 일직선으로 존재한다. 어느 순간에 달과 태양이 우리가 일식을 볼 수 있는 지구상의 어떤 지점과 동일한 선상에 놓인다는 사실이 그 사건을 의미 있게 만드는 것이다.

이 두 현상—창의성과 폭풍우—사이의 유사점은 훨씬 더 많다. 창의성도 폭풍우와 마찬가지로 통제될 수 없다. 이 책이 전달하고자 하는 바의 중심을 관통하는 것이 바로 이 점이다. 다른 점이 있다면 창의성은 어느 정도 단련될 수 있다는 것이다. 기상학자가 폭풍우를 만드는 방법을 알려줄 수 없듯 나도 어떻게 창작을 하는지 알려줄 수 없다. 하지만 나는 창의성의 다양한 단계와 요소 들을 관찰해왔고, 따라서 그 단계와 요소들이 모든 창작 과정에서 거의 공통으로 나타났다는 사실은 말해줄 수 있다. 나는 창의성에 대해 이해하려면 먼저 그 요소들을 이해해야 한다고 생각한다. 여러분도 그 사실을 잘 알고 있으며 그 요소들과 숨은 뜻을 받아들였을 것이라고 나는 믿는다. 여러분이 창의성의 바다를 항해할 수는 있지만 그 항로에 대한 완전한 통제권은 가질 수 없다. 어떤 의미에서는 창의성이 여러분이라는 바다를 항해한다고 할 수 있다.

폭풍우처럼 창의성은 당신보다 더 큰 것이다. 창의성은 알아차리지 못한 사이에 이미 시작된다. 창의성은 당신의 완전한 통제를 뛰어넘는 것이다. 창작 과정의 순환주기에서 창의성은 마음을 비우는 것과 관련된다. 다음 장의 주제가 바로 그것이다.

폭풍우의 중심에서 바라보기 2.

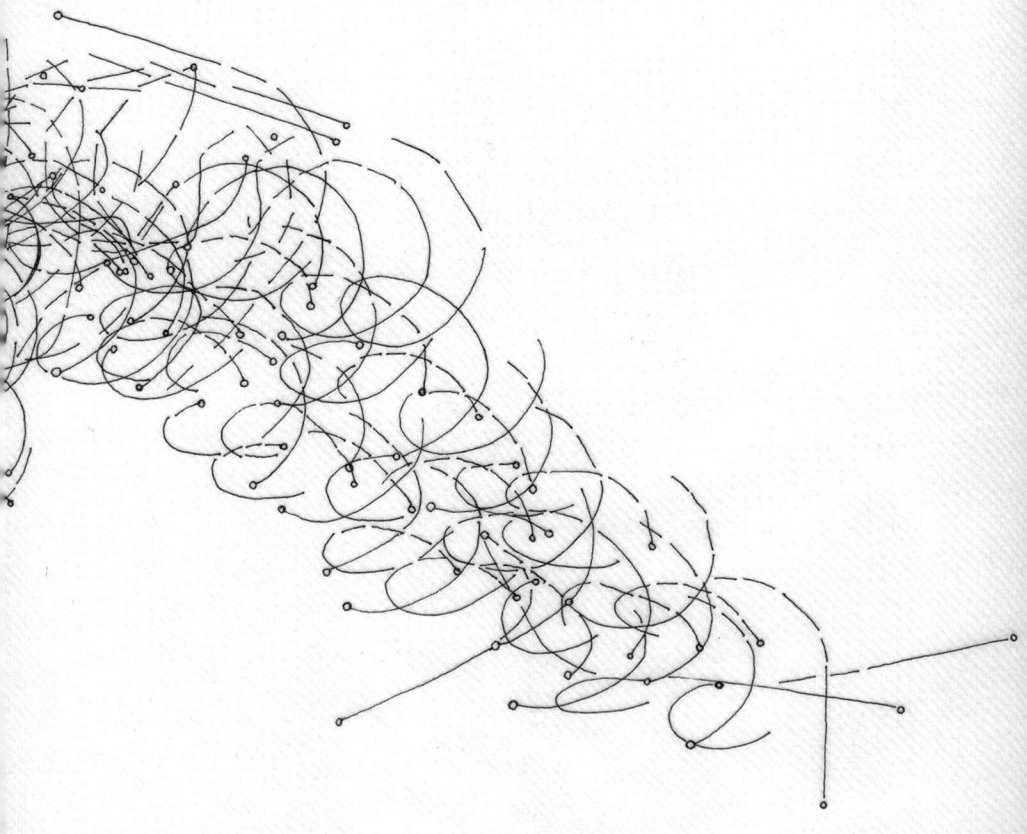

2

학습의 무효화

　창의성은 오픈마인드를 요구한다. 오픈마인드는 학습의 무효화에서 생기고, 그렇게 함으로써 선입관을 없앨 수 있다. 그리스의 스토아학파 철학자인 에픽테토스(Epictetus, ca. 55–135)는 "자기가 알고 있다고 생각하는 것을 배우는 것은 불가능하다."¹라고 말했다.

　학습의 무효화는 교란과 동요를 일으킬 때 폭풍우가 가지는 특징과 비슷하다. 뭔가를 알고 있다는 우리의 느낌에 교란이 일어나는 것이다. 우리의 마음은 우리가 뭔가를 모른다는 사실을 알게 될 때 동요를 일으켜 알려고 하는 마음을 먹게 된다. 이 말은 앎에 관련된 분야가 어떤 것이건 마찬가지다. 예술가들은 불확실한 상태에서 놀이하듯 자유롭게 작업하면서 실증적 뒷받침 없는 직관적 '앎'을 무심하고도 즉각적으로 받아들인다. 데이터는 직관을 입증하는 데에도 사용되지만, 더 나아가 추측을 끌어내고 모른다는 사실을 자극하는 데에도 사용된다. 우리 예술가는 과학자도 '앎' 없이 연구하며 심지어 종종 직감이나 미적 감각을 따르기도 한다는 사실을 알게 되면 놀란다. 나를 놀라게 했던 이야기 하나를 들려주겠다. 예전에 중국으로 가는 비행기에서 한 과학자를 만난 적이 있었다. 그에게는 풀어야 할 문제가 있었고, 그는 이유를 알지 못한 채 그 문제를 풀어나가고 있었다.

그는 미생물학자였다. 그의 문제는 녹색 식물을 심은 1백 미터 높이의 벽에 토양을 제공하는 것이었다. 그는 연구 도중에 식물이 유리 밑에서는 잘 자라지 않는다는 사실을 알아냈다. 그는 한동안 그 이유가 궁금했지만, 그 설명을 찾는 것은 단념했다.

나는 공기가 유리 밑에 갇혀서 그런 것은 아닌지 물었다.
"아니에요." 그가 대답했다. "공기를 순환시키려고 유리에 구멍도 뚫어봤습니다."

나는 유리의 반사나 다른 광학적인 성질 때문은 아닌지 물었다.
"아니에요." 이번에도 같은 대답을 했다. "아무튼 이유는 모릅니다."
마지막으로 나는 온실효과와 연관이 있는 것은 아닌지 물었다.
"그냥 모르겠어요." 그의 대답이었다.

그러더니 그가 매우 심오한 말을 덧붙였다. "나는 이유를 모른다는 사실을 받아들였고, 이유는 몰라도 연구는 계속할 수 있습니다." 나는 대번에 알아들었다. 그는 뭔가를 하면서도 그에 대한 합리적인 이유를 댈 필요성에 얽매이지 않고, 자신을 믿으면서 본능을 쫓고 있었던 것이다. 이는 창의적인 태도의 일부이지만, 과학자나 공학자가 그렇게 하는 것이 그들에게 늘 마음 편한 일은 아니다.

예전에 "자신이 생각하는 것을 전부 믿지는 말라."는 문구가 쓰인 자동차 범퍼스티커를 본 적이 있다. 나는 그 말을 창작 과정에 필요한 태도로서 높이 산다. 학습의 무효화는 자신이 안다고 생각하는 것에 의문을 품는 것이다. 자신에게 창의성을 발휘해야 하는 과제가 주어졌다고 가정해보자. 누군가가 건축가를 찾아와 자기 집의 특정한 장소에 특정한 크기의 주방을 새로 만들고 싶다며 설계를 의뢰한다. 선입관을 따른다면 그 일에는 이미 정해진 답이 있다. 하지만 오픈마인드로 보면 그것이 창의적인 해답은 아니다. 의뢰인에게 어떤 주방을 원하는지 묻는 대신 그 해답이 주방이라는 선입관, 심지어 '방'이라는 더 일반적인 선입관을 배제한 채 그 의뢰인이 어떤 생활을 하는지, 끼니는 어떻게 준비하고 먹는지, 부엌에서는 언제 먹는지, 다른 장소를 더 선호하지는 않는지, 가까이에 어떤 부가 기능을 추가하는 것이 가장 좋은지, 실외 공간은 어떻게 연결하여 활용하기를 원하는지, 언제 어떤 활동을 즐기는지 등을 알아보는 것은 어떨까?

  질문은 선입관에 근거한 선택을 단념시키고 미리 세워진 가정(假定)을 붕괴하는, 또한 익숙한 것에서 그렇지 않은 것으로 관심을 돌리는 놀라운 힘을 지니고 있다. 이 모든 것이 더 개방된 오픈마인드로 이어진다. 건축가로서 나는 창문을 어디에 낼지 선택하는 대신, 외부와 내부를 어떻게 연결할지에 대해 질문할 수 있다.

  학습의 무효화를 거치기 이전에 잠재적인 답을 미리 명명하고 규정하는 데서 출발한다면 창의적인 결과에 이를 것 같지도, 이미 알고 있는 내용을 뛰어넘는 결과에 이를 것 같지도 않다. 그 상태에서라면 당신이 생각하는 모든 것이 선입관에 근거한 것임을 말해두고 싶다. 즉, 그 생각들은 이미 존재한다는 뜻이다. 그러나 창의성이란 존재하지 않는 뭔가에 관한 것이다. 그것이 1장에서 현상에 대해 논의하고 창의성을 폭풍우에 비유하면서 말하고자 했던 바의 요점이다. 창작 과정은 자신이 알고 있(다고 생각하)는 것을 몰아내는 데서, 교란시키는 데서, 불안정하게 만드는 데서 시작된다.

브레인스토밍에 대한 선입관 버리기

선입관은 창의성을 방해한다. 이것이 핵심 원리이다. 창의성은 이미 '알고' 있는 것을 만들지 못하게 막는 것과 관련된다. 창의성은 선입관에 의거한 계획, 능력, 가정(假定)을 좌절시킨다. 학습의 무효화 이후에는 새로운 관점이 생기는데, 이는 법의학자가 자신이 안다고 생각하는 모든 것을 던져버리면서 "이 문제를 새로운 시각에서 바라봅시다." 하고 말하는 것과 같다.

브레인스토밍 자체에도 문제가 있다. 누군가가 브레인스토밍 시간에 외치는 것이 당신에게는 당연히 '새로운 시각'일 수 있겠지만, 브레인스토밍이란 것 자체는 참가자 각자의 머릿속에 축적된 선입관을 내놓는 자리가 아니던가? 그 공간에 모인 집단 전체가 각자의 마음을 깨끗이 비우기 위해 학습의 무효화를 성공적으로 이뤄내지 않는다면, 브레인스토밍은 당신의 마음에 다른 사람들의 선입관을 잔뜩 채워 넣을지도 모른다. 알렉스 패크니 오즈번(Alex Faickney Osborn, 1888-1966. 미국의 유명한 광고회사 BBDO의 창립자이며, 창의성 교육재단을 설립하였다.–옮긴이)이 **브레인스토밍**(brainstorming)이라는 용어를 만들면서 군대에서 쓰는 의미(storm에는 '기습', '급습', '(탄환이) 빗발치듯 퍼부음'의 의미가 있다.–옮긴이)로 storm이라는 단어를 채택했을 때, 공격을 받는 요새와 선입관의 의미가 서로 유사해 보이지는 않았다.

소립자 이론에 관한 연구로 1969년 노벨 물리학상을 수상한 미국의 물리학자 머리 겔만(Murray Gell-Mann, 1929~)은 인간이 과학을 이해하는 데 주목할 만한 기여를 했다. 그는 저서 «쿼크와 재규어»(The Quark and the Jaguar)에서 창작 과정에서는 지식 분야에 관계없이 선입관을 몰아내는 것이 아주 중요하다고 말한다.

성공적인 새 이론적 개념의 전형적인 특징은 기존 이론 체계를 변경하고 확장하는 것이다. 이로써 관찰 가능하나 이전에는 이해되거나 통합되지 않았던 사실이 받아들여진다. 그것은 언젠가 검증될 새로운 예측을 내놓는다. 새로운 아이디어는 거의 늘 부정적인 통찰을 포함하는데, 이는 이전에 당연하게 여겨지던 원칙이 틀렸으니 폐기되어야 한다는 인식을 말한다. (이전에 옳게 여겨진 개념이 세월이 흐르면서 불필요한 지적 인습을 낳는 경우가 종종 있는데, 지금은 바로 그것이 폐기의 본질적인 이유가 되는 것이다.) 어쨌거나 진보는 지나치게 제한적이면서 당연하게 여겨지는 개념에서 벗어남으로써 가능하다.[2]

나는 여러분이 학습을 무효화하는 방법을 배울 수 있다고, 그리하여 오픈마인드를 가질 수 있다고 확신한다. 그렇다면 어떻게 학습을 무효화하고 진정한 오픈마인드를 갖는 길로 들어설 수 있는가? 내가 RISD에서 가르치던 때를 예로 들어보겠다.

우리는 해마다 건축학과 학생들을 새로 받는다. 그들의 배경은 다양해서, 대학에 처음 입학하는 학생들도 있지만 이미 다른 전공으로 졸업한 학생들도 있다. 전공이 실로 각양각색이다. 어떤 학생들은 (넓은 의미에서) 예술을 전공했고, 어떤 학생들은 그렇지 않다. 과학, 수학, 문학, 음악, 철학, 경영학, 의학 등을 전공한 학생도 있고, 군대를 제대한 사람도 있다. 그들은 선입관을 한 무더기 가지고 온다. 그런 상태로 필수 과목인 1학기 설계수업에 임한다.

그 수업에서 학습의 무효화 과정이 시작된다. 우리는 그 설계수업이 모든 학생들에게 새로운 출발점이 되도록 구상한다. 학생 모두에게 풀어야 할 벅찬 문제, 뛰어넘어야 할 도전과제가 주어진다. 문제는 학생들이 입학할 때 가지고 있었을 법한 추론과 결정의 근거를 모두 없애버릴 수 있도록 의도적으로 선정된 것이다.

문제는 매년 다르지만, 기존에 알던 것에 의문을 품게 하면서 동시에 뭔가를 만들게 한다는 것이 공통점이다. 준비시킬 것은 없다. 문제를 내기에 앞서 방법론 강의를 하지도 않는다. 이론을 먼저 가르치지도 않는다. 학생들이 그 문제를 푸는 것은 학습의 무효화를 위해서다.

학생들에게 주어지는 문제는 단도직입적이면서도 어려운 것이다. 짐작하겠지만 학생들은 그 문제를 푸는 동안 자신이 끌어안고 있던 것을 내려놓을 수밖에 없다. 그렇게 마음을 자유롭게 하고 선입관을 버리게 된다. 학생들이 뭔가에 대해 확신을 가졌거나 가지고 싶어 했겠지만, 그 뭔가는 곧 떨어져나가 불확실성에 자리를 내준다. 학생들의 좌절을 방지하려면 그들이 문제를 풀기 시작할 때 약간의 영감을 불러일으킬 만한 것이 필요하다. 이를 위해 학생들에게 다공질 재료를 현미경으로 보여준다− 그것은 경이로운 광경이다.

영감이 손에 잡힐 듯 말 듯 코앞까지 다가왔으나 아직 알려지지 않은 뭔가가 있다는 깨달음을 유발하여 학생들을 오픈마인드로 이끈다. 내 생각에 그 느낌은 알려지지 않은 뭔가가 직감이라 부를 수 있을 만큼 가까워졌을 때 그 알아차림에서 비롯하는 것 같다. 영감은 공터의 느낌, 열린 공간의 느낌을 일으킨다−확장된 느낌, 즉 오픈마인드이다. 선입관을 비워낸 자리에서 오픈마인드는 열린 공간을 만들어낸다.

창작을 할 때에는 그런 공간에서 머무는 것이 중요하다. 그렇게 함으로써, 즉 선입관을 비워냄으로써 불확실성 속에 머무는 법을 배울 수 있기 때문이다. 건축가이건 예술가이건 과학자이건 공학자이건 간에, 그 밖의 어떤 분야를 전공했건 간에, 창의성에는 그런 불확실성이 필요하다. 이는 폭풍우가 시작되려 할 때 불안정한 조건이 필요한 것과 같다.

불확실성

영국의 낭만주의 시인 존 키츠(John Keats, 1795−1821)는 1817년에 그의 형제인 조지와 토머스에게 편지를 써 보내면서, 창작을 할 때 불확실성이 얼마나 중요한지에 대해 말했다.

> 마음속에서 몇 가지 생각이 꼬리를 물다가 퍼뜩 그런 생각이 떠올랐어. 어떤 자질을 지녀야 특히 문학계에서 업적을 남기는 사람이 될 수 있는지, 셰익스피어는 어떤 자질을 어마어마하게 지녔는지에 대한 생각 말이야. 내가 말하고 싶은 자질은 '소극적 수용능력'(Negative Capability)인데, 말하자면 조급하게 사실을 알아내거나 논리적으로 따지려 하지 않고 불확실성, 불가사의한 것, 의심의 상태 속에 머물러 있을 수 있는 능력을 말해.[3]

오픈마인드란 대체로 새로운 아이디어를 기꺼이 맞이하려는 마음자세와 연관된다. 하지만 내가 말하려는 오픈마인드는 그 개념을 뛰어넘는다. 아무 아이디어도 떠올리지 않으려는 마음자세, 진정한 타불라라사(tabula rasa), 즉 진실로 아무것도 쓰여 있지 않은 석판이 내가 생각하는 오픈마인드다. 새로 건축 프로젝트를 맡으면 나는 그 프로젝트에 대해 어떤 '답들'이 미리 주어졌건 간에 그 '답들'에 관해 불확실성을 유도하는 질문을 한다. 내 목표는 빈 석판 또는 빈 종이와 마주하는 것이다. 내가 원하는 것은 오픈마인드이고, 그 오픈마인드를 가능하게 하는 것이 불확실성이다. 불확실성은 알고 있다고 생각하는 것을 뛰어넘어 성장하고 나아가게 만드는 열쇠다. 뭔가를 확신하는 상태에서는 오픈마인드가 불가능하다. 따라서 새로운 것을 만들 수 없다. 새롭지 않다면 그것은 창의적인 것이 아니다.

의심, 불안, 의문―이런 불확실성의 요소들이 굉장히 중요해진다. 떨쳐내면 빈 공간이 생긴다.

학생들에게 현미경으로 다공질 재료를 보여준 뒤에는 자기가 본 것을 바탕으로 잘 움직여지지 않거나 쉽게 형태를 바꾸는 재료를 사용하여 삼차원 구조물을 만들라는 과제를 낸다. 잘 움직여지지 않거나 쉽게 형태를 바꾸는 재료를 사용하라고 하는 이유는, 그런 재료라면 외부에서 강요되는 어떤 요구에도 반응하지 않기 때문이다. 귀를 기울이며 재료에 반응해야 하는 것은 오히려 학생들이다. 학생들은 재료가 어떤 것은 할 수 있고 어떤 것은 할 수 없는지에 주의를 기울여야 한다. 작업은 거기서부터 시작된다. 잘 움직여지지 않는 재료는 나나 학생들이 원하는 것에는 무관심하다. 그런 재료는 학생들이 앞서 계획한 것을 용납하지 않기 때문에 학생들은 이미 알고 있는 것을 이미 알고 있는 방식으로는 만들 수가 없다.

내가 생각하기로, 이 수업의 가르침은 예지 그로토프스키(Jerzy Grotowski)가 1959년에 그 자신이 폴란드에서 설립한 실험극장에서 가르쳤던 '실수의 개발'(exploitation of errors)과 다르지 않다. 그로토프스키는 연극의 본성에 대해 새로운 생각을 펼쳤다. 그 이후로 그의 가르침과 예술은 감독이나 배우 등 공연에 관심 있는 사람 누구에게나 영향을 끼쳤다. 그는 인간의 몸을 배우가 뭔가를 만들기 위한 재료라고 생각했다. 실수란 본질적으로 그 '재료'의 예측 불가하고 변덕스러운 본성이 표현된 것이다.

그로토프스키는 배우들에게 실수를 발견의 기회로 삼으라고 가르쳤다. 자기도 모르게 나오는 동작이나 발음, 대사는 어떤 것이건 배역의 창의적인 구조로 재빠르게 통합된다. 그의 의도는 실수를 감추도록 가르치는 것이 아니라, 배우들이 의도되지 않은 행동과 발성을 통해 즉흥 연기를 배우게 하는 것이었다. 즉흥 연기는 현재 시제의 공연이다. 즉, 대본을 따르는 것과는 반대로, 대본이 없으므로 바로 그 순간에 진행되는 것에 반응하는 예술이다. 즉흥연기는 현장에서 일어나는 창작이다.

마찬가지로, 잘 움직여지지 않거나 쉽게 형태를 바꾸는 재료도 선입관에 의거한 계획 따위는 전혀 원하지 않고 자기 멋대로 행동하려고 한다. 그런 재료를 써서 작업해야 하는 것이다. 그 재료는 계획과 아이디어 사이에 자리를 잡는다고 말할 수 있는데, 여기서 계획이란 선입관을 따랐기에 필연적으로 폐기될 수밖에 없는 것이고, 아이디어란 학생들이 그 재료를 사용하는 동안 재료 그 자체가 드러내는 것이다.

학생들은 그 과제를 시작함으로써 선입관을 무효화하고 오픈마인드를 가지며 그 과정이 데려가는 우회로를 따르게 된다. 나는 매체(medium)라는 단어를 좋아하는데, 매체는 작업하는 재료를 일컫는 예술가의 단어다. 매체는 뭔가와 뭔가의 사이에 존재하는 것이다. 또한 뭔가를 전송하는 것이다. 매체는 선입관에 근거한 아이디어와 재료에 의해 밝혀지는 아이디어 사이에 있는 것이다.

그 과제를 받은 학생들은 자신이 수영장 깊은 쪽에 던져졌거나 난파선을 탄 것처럼 느끼지만 끝에는 모두 살아남는다. 스페인 철학자 호세 오르테가 이 가세트(José Ortega y Gasset, 1883-1955)는 자작 에세이 중 한 편에서 이렇게 썼다.

> 난파한다는 것이 익사한다는 의미는 아니다. 가여운 인간은 자신이 심연으로 가라앉는다고 느껴 떠 있으려고 팔을 허우적거린다.[4]

선입관이 사라지면서 학생들은 위기감을 느끼지만, 그 덕에 학생들은 오픈마인드를 갖게 된다. 오르테가 이 가세트의 말은 이어진다.

> 그러므로 단절감 같은 것이 개입되어야 한다. 그렇게 해야 인간은 자신이 느낀 위기감과 삶의 본질을 갱신할 수 있기 때문이다. 생명 유지 장치는 죄다 쓸모없으며 붙잡을 것이 전혀 없다는 사실을 깨닫는다. 그러면 팔은 다시 한 번 살아남기 위해 움직일 것이다.

학생들은 그 위기감을 오롯이 떠안은 채 앞으로 나아가야 한다. 학생들은 뭔가를 만들기 시작하고, 공터가 된 마음은 자신들이 만드는 것에 대한 중요한 질문을 제기한다. 주어진 과제에는 이전에 학습한 방법이나 선입관을 끌어들일 만한 단서가 전혀 없기 때문에 이렇게 묻는 학생들도 있다. "원하시는 게 이거예요?" 내가 원하는 것을 찾아내는 것이 이 교육의 목적은 아니다. 학생들에게 주는 내 대답은 없다. 학생들은 팔을 허우적거리며 스스로 헤엄쳐야 한다. 오르테가 이 가세트의 말로 되돌아가자.

이러한 팔의 동작은 자신이 붕괴되는 것을 막기 위한 스스로의
반응이며, 그것이 바로 문화이다―팔을 움직여 헤엄치는 것 ······
문화는 이와 다름없으며, 그럴 때 제 기능을 수행한다고 할 수 있다.
그렇게 인간도 그 자신의 심연에서 수면 위로 올라온다. 하지만
10세기에 걸쳐 이어져온 문화는―많은 이점에도 불구하고―큰
불이익도 낳는다. 그 불이익이란 인간이 스스로 안전하다고 믿는 것,
자신이 난파선에 탄 느낌을 잃어버리는 것이다. 그렇게 되면 문화는
결국 기생물질과 림프물질이라는 짐을 떠안게 된다.

오르테가 이 가세트가 쓴 내용은 문화를 만드는 것에 관해서지만,
그가 전달하는 메시지는 창작에도 보편적으로 적용된다. 그리고 문화를
만드는 데 기여하는 것은 창작이다. 문화는 만들어지는 과정에서
진정으로 발전해나간다. 문화가 기존에 완성된 조건으로 여겨져 그
조건이 디자인의 맥락을 장악한다면, 디자인은 창작 과정에서 나타난
결과가 아니라 감식안에 기인한 것이 될 뿐이다. 다시 말해, 그 목표는
문화적 관습이나 취향의 기준을 만족시킬 뿐이다.
   선입관으로 할 수 있는 것은 그저 확인이다. 진정한 오픈마인드로 할
수 있는 것은 발견이다. 발견은 마음이 열려 있고 알아차릴 때 가능하기
때문이다. 과제를 하는 학생들은 구조와 공간과 질서에 대한 놀라운
아이디어를 생각해내고, 그 아이디어는 나중에 그들이 만드는 구조물에
통합된다. 그 일이 가능한 것은 학생들이 이 특별한 '은총의 상태'를
즐겼기 때문이라고 나는 생각한다. 나 자신도 진정한 오픈마인드를
가질 때 이런 '은총의 상태'를 경험한다. 그런 상태에서는 내가 무엇을
하고 있는지도, 내가 어디로 가는지도 모른다. 하지만 그 길이 어디로

향하건 따라가야 한다는 것은 알고 있다. 이런 상태에서 떠오르는 생각은 작고 잠정적이지만, 그것 말고는 붙잡을 수 있는 것이 없기에 그것을 받아들일 수밖에 없다. 나는 이런 초기의 생각을 '뗏목'이라고 부른다. 뗏목은 바다의 표류물로 만드는데, 바다는 알려지지 않은 것들로 가득한 곳이다. 표류물은 뚜렷한 이유 없이 마음속에 떠오르지만, 선입관이라는 난파선에서 바다로 던져졌을 때 당신이 갖고 있는 것은 오로지 그것뿐이다.

　학습을 무효화하는 또 다른 방법은, 어떤 문제를 풀 때 자신이 쓸 수 있는 기술을 일부러 쓰지 않는 것이다. 그 기술은 다른 경우였다면 버팀목(버팀목은 선입관의 또 다른 형태이다)으로 사용했을 만한 것이다. 내 학생들에게는 이 방법을 알려주기 위해 평소 잘 쓰지 않는 손으로 그림을 그려보라고 한다. 그렇게 하면 학생들은 빠르게도, 능숙하게도 작업할 수 없기 때문에 그 순간에 깊이 빠져들어 그림을 그리는 동안 어떤 일이 일어나는지를 주의 깊게 관찰해야 한다. 스위스의 위대한 화가 파울 클레(Paul Klee)는 그림을 그리는 중간에 위아래를 뒤집어 그린 뒤 다시 원래대로 돌려 그 차이를 조정한 것으로 유명하다. 클레가 〈창작자의 신조〉(Creative Credo)에서 썼듯(대체로 창작 과정에 대해서도 이렇게 말할 수 있다) "예술은 눈에 보이는 것을 재현하는 것이 아니다. 예술은 눈에 보이도록 하는 것이다."[5]

붕괴하는 철조 구조물을 근접 촬영한 것.

어제는 붕괴할 수 있는 철조 구조물.

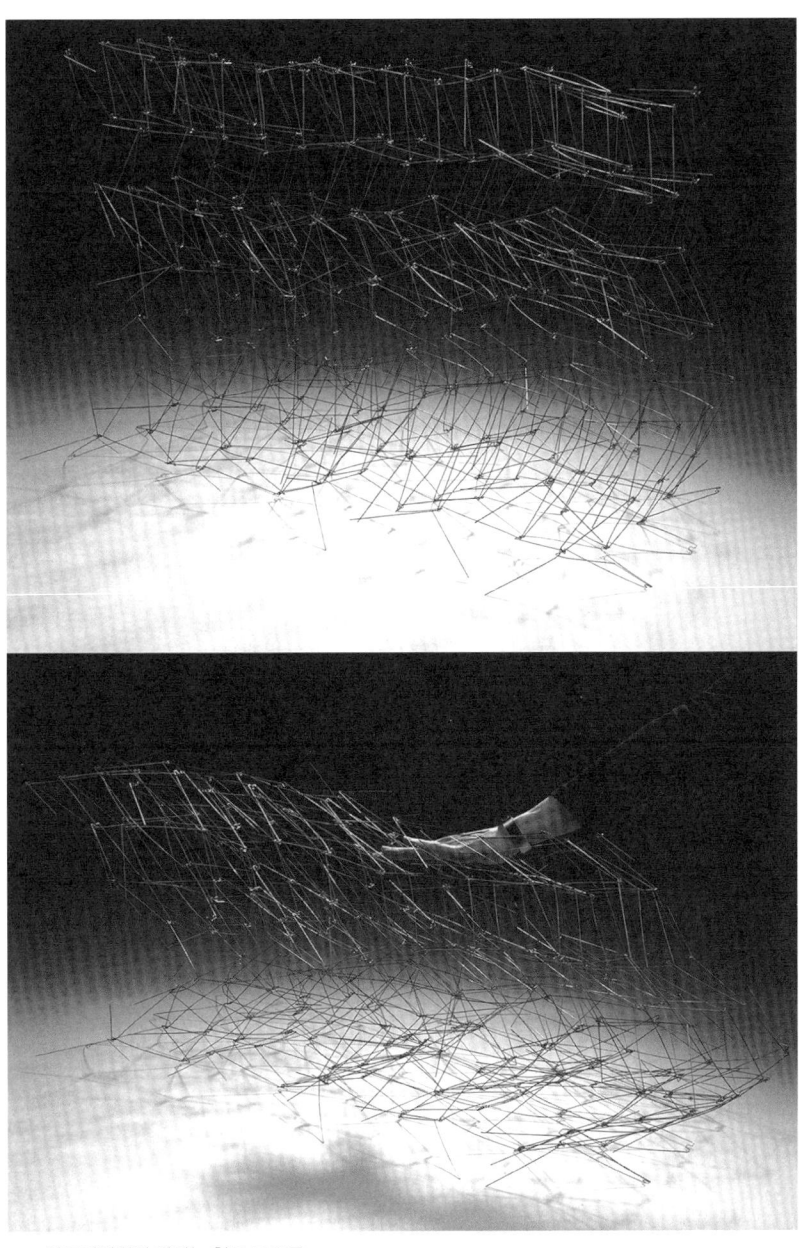

아코디언처럼 접히는 철조 구조물.

스펀지처럼 팽창하고 수축하는 철조 구조물.

머리를 비우고 마음을 연다는 개념은 찰스 다윈(1809-1882)이 영국 왕립 해군의 군함인 비글호를 타고 그 유명한 항해에 나섰을 때 발견한 것을 떠올리게 한다. 다윈이 '공식' 동식물학자 자격으로 승선한 것은 아니었다. 그 임무는 로버트 맥코믹 박사가 맡았다. 로버트 피츠로이 함장은 항해의 동반자—함장이 보기에 함께 대화를 즐길 만한 사교적인 손님—로 또 한 사람의 동식물학자를 구하고 있었다. 다윈은 물론 동식물학자로서의 역할을 진지하게 해나갈 수도 있었겠지만, 오히려 그의 '비공식'적 입장이 오픈마인드가 될 수 있는 더 이완된 환경을 조성해주었다. 그 덕에 그는 뭔가를 수행해야 한다는 공식적인 의무감 없이 주변을 더 잘 관찰할 수 있었다. 다윈이 그 항해 중에 발전시킨 자연선택설의 세 가지 법칙은 열린 공간에서 선입관이 제거된 오픈마인드로만 관찰할 수 있는 발견을 보여주는 훌륭한 예이다. 그런 순간에야 예전에는 보이지 않았던 연관성이 보인다. 결과적으로 이런 발견은 인간이 세상을 이해하는 패러다임을 크게 바꾸어놓는다(다윈의 이야기는 8장의 주제인 '연결하기'의 훌륭한 예로서 다시 다루겠다).

주의집중성

전설적인 나디아 불랑제(Nadia Boulanger, 1887-1979)가 말한 주의집중성(attentiveness)은 학습의 무효화에서 오는 불확실성에서 시작된다. 나디아 불랑제는 프랑스 출신의 작곡가이자 지휘자였으며, 엘리엇 카터나 아론 코플랜드, 버질 톰슨 등 20세기를 선도한 많은 작곡가들의 스승으로 더 잘 기억된다. 내가 기억하기로 그녀는 주의집중성이 음악가들에게 필요한 자질이지만 가르칠 수는 없는 것이라고 생각했다. 내 의견은 다르다. 나는 학습의 무효화 과정 전체가 당신을 지금 이 순간 일어나는 일 앞에 데려다놓는다고, 그럼으로써 당신은 눈앞에서 일어나는 일을 좀 더 분명히 인식하고 그것에 집중할 수 있게 된다고 생각한다.

주의집중성은 창의성의 핵심 요소이다. 잘 비워진 오픈마인드를 가지면 이미 알고 있거나 알고 있다고 생각하는 것에만 초점을 돌리는 덫에 갇히지 않을 수 있다. 이미 존재하는 아이디어를 자꾸만 끌어안으려던 마음이 지금 여기로 돌아서게 된다. 오픈마인드는 과정에, 지금 일어나는 일에, 당면한 과제에 주의를 기울이게 한다.

창작 과정에서 주의집중성을 지니면 이미 존재하는 정보나 당신 또는 다른 사람들이 이미 했을 법한 것들을 부각시키지 않을 수 있다. 또한 키츠의 편지에서 언급된, 사실을 찾고 추론을 끌어내려는 압박도 느끼지 않을 수 있다. 그렇게 할 때 새로운 아이디어가 나타난다.

새로운 아이디어는 낯설게 다가온다. 낯선 것은 놀라움과 두려움을 일으킨다. 스스로에게 물어보라. "이건 뭐가 될 수 있지?" 사실과 추론이 낯선 것을 완전히 이해하는 데 도움이 되지 않는다고 걱정하지

마라. 내가 주장하는 것은 우리는 낯선 것, 알지 못하는 것의 불확실성 속에서 살아갈 필요가 있다는 것이다. 그렇게 하면 한때 선입관 때문에 가로막혔을 새로운 아이디어를 수용하는 마음자세가 생긴다.

N. 조지프 우드랜드(N. Joseph Woodland, 1921-2012)는 창작 과정에서 주의집중성이 어떤 역할을 하는지에 대한 탁월한 예를 보여준다. 우드랜드라는 이름은 생소하겠지만, 그의 사망 당시 〈뉴욕타임스〉에는 이런 부고 기사가 실렸는데, 그가 발명한 것은 "식료품은 물론 덩치 큰 물건까지, 전통을 중요시하는 사람이라면 손에 쥐고 있는 신문에 이르기까지 현대 생활의 거의 모든 생산품을 장식한다."라는 내용이었다.[6]

우드랜드는 예술가도 아니고 건축가도 아니었다. 그는 공학도였다. 기계공학을 전공하는 대학원생이던 그는 같은 전공의 친구 버나드 실버의 제의로 어떤 문제를 푸는 일에 동참하게 되었다. 그 문제는 1948년에 드렉설대학교를 방문한 어느 슈퍼마켓의 임원이 제시한 것이었다. 그는 상품 데이터의 효율적인 코드화 방법을 개발해 줄 사람을 찾고 있었다. 우드랜드와 실버는 숱한 아이디어를 시도했지만 어느 것 하나 제대로 되지 않았다. 하지만 우드랜드는 답을 찾아낼 수 있다고 확신했다. 그래서 그 문제에 전념하기 위해 대학원을 그만두고 마이애미비치에 있는 조부모의 집으로 갔다. 그해 겨울 그는 해변의 비치체어에 앉아 이제 뭘 더 해볼지 생각했다.

답을 찾는 과정이 그의 마음에서 선입관을 비워내려고 하는 것이 분명했다. 그 말은 어떤 기회에 알게 됐거나 학습한 것을 모두 비운다는 의미가 아니라, 아직 제시조차 되지 않았을 문제에 대해 '재고품' 같은 대답만 던져줄 뿐인, 사실을 찾고 추론을 하려는 노력을 단념한다는 의미이다.

우드랜드는 정보를 시각화하려면 일종의 코드가 필요하다는 사실을 깨달았다. 그는 보이스카우트 단원으로 활동하던 시절에 모스부호를 배운 적이 있었다. 〈뉴욕타임스〉에 실린 기사는 다음과 같이 계속된다. "어느 날 우드랜드는 궁금해졌다. 우아하고 단순하며 조합 가능성이 무한한 모스부호를 시각적으로 표현해본다면 어떨까? 그는 손가락으로 모래밭에 이리저리 선을 그어보기 시작했다."

〈뉴욕타임스〉의 부고 기사에는 1999년 〈스미소니언〉 잡지에 실린 글이 인용되어 있는데, 거기 실린 우드랜드의 말은 이렇다.

> 내가 지금 하려는 이야기가 동화처럼 들릴 수도 있다. 나는 손가락 네 개를 모래밭에 찔러 넣고 그냥—별 다른 이유 없이—내 쪽으로 끌어당겼고 네 개의 선이 그어졌다. 내가 말했다. "와! 선 네 개가 그어졌어. 점이나 대시를 사용하는 대신 선을 넓게, 혹은 좁게 만들 수 있어." 손가락 네 개—아직 모래밭에 찔러 넣어져 있었다—를 둥글게 움직여 완전한 원을 그릴 때까지는 몇 초도 걸리지 않았다.

우드랜드는 원형이 더 좋을 거라고 생각했는데, 그렇게 하면 코드를 스캔할 때 특정한 방향으로 놓을 필요가 없을 것이기 때문이었다.

우드랜드와 실버는 1952년에 그것으로 특허를 냈고, 특허명은 '분류 장치와 방법'이었다. 초기의 스캐너는 너무 크고 비쌌기 때문에 그들이 발명한 것이 널리 보급되기까지는 시간이 걸렸다. 우드랜드는 IBM에 입사했고, 그의 동료가 '우드랜드—실버 모형을 기초로 우드랜드가 쏟아부은 상당한 노력에 힘입어' 흑백의 사각형 바코드를 디자인했다.

나는 우드랜드가 잠시 아무 생각 없이 비치체어에 앉아 있었던 것이 그의 머릿속을 깨끗이 비우게 했고 그 덕에 그가 지금 여기에 주의를 기울일 수 있었던 거라고, 그리하여 손가락으로 모래밭에 선을 그어 그런 발견을 해낼 수 있었던 거라고 확신한다. 그렇게 함으로써 그 문제를 풀고 유니버설 프로덕트 코드(UPC)를 발명할 수 있었던 것이다. 〈뉴욕타임스〉의 부고 기사는 "바코드는 전 세계 소매상에서 하루에 50억 번 이상 스캔된다."라고 전한다. "바코드는 도서관의 책이나 병원 환자의 기록에서도 볼 수 있고, 부착할 표면만 있다면 생물이건 무생물이건 어느 것에서나 다 볼 수 있다. 이 모든 것이 가능했던 것은, 점과 대시에 대한 생각에만 몰두해 있던 총명한 청년이 어느 날 손가락으로 모래밭에 선을 그은 덕분이었다."

우드랜드의 이야기는 창작에 대한 큰 교훈을 준다. 사실과 추론에만 끈질기게 매달리기보다는 불확실성 속에 머무는 것이 결정적으로 중요할 수 있다는 사실을 보여주기 때문이다. 그가 도전적인 바코드 과제에 대한 해답을 찾기 위해 드렉셀대학교라는 환경을 떠난 것도 아마 그런 이유에서였을 것이다. 앞서 말한 그 과제를 받은 내 학생들처럼 우드랜드도 자신이 처한 불확실성을 받아들인 뒤 그 물결을 타고 흘러갈 임시 뗏목을 만든 것이다. 그 뗏목에 짐을 실을 공간은 거의 없다.

미국의 소설가 F. 스콧 핏제럴드(F. Scott Fitzgerald, 1896-1940)는 «위대한 개츠비»의 마지막 단락에서 개발될 대로 개발된 정착지 롱아일랜드의 풍경에서 개발되지 않은 것을 직면하는 순간을 그려낸다. 개츠비는 해질녘 노스쇼어에 서서 길게 펼쳐진 해안을 바라본다.

> 해변에 들어선 저택들의 문은 이제 대부분 닫혀 있고, 불빛이라곤 해협을 건너는 페리보트의 어둑한 불빛뿐 다른 불빛은 거의 보이지 않았다. 달이 더 높이 떠올라 초라한 작은 집들이 녹아 없어질 듯 보이기 시작하자, 한때 네덜란드인 선원들에게 번성한 곳—생동감 넘치는, 녹색 젖가슴 같은 신세계—으로 비쳤던 이 오래된 섬이 서서히 내 눈에 들어왔다. 이 섬에서 사라진 나무들은 개츠비의 집이 되었지만, 한때는 소곤소곤 속삭이며 인간의 모든 꿈 중에서 마지막이자 가장 위대한 꿈에 영합했다. 인간은 이 대륙을 눈앞에 두고, 경이를 느낄 줄 아는 인간의 역량을 한껏 펼치게 해주는 풍경을 역사상 마지막으로 마주한 채, 자신은 이해하지도 못하고 바라지도 않은 심미적인 명상에 빠져들어, 홀린 듯 흘러간 짧은 순간 동안 숨을 죽였을 것이다.[7]

당면한 과제가 기존의 성과를 바탕으로 뭔가를 만들어내는 것일 때에도 질문을 통해 마음속에 앞서 말한 빈 석판을 만들어내는 것이 중요하다. 분야에 상관없이 그런 마음자세는 창작을 위해 노력하는 매순간에 중요하다. 창작을 위한 노력 이전에 마음속에 뭔가가 들어와 눌러앉는 것을 피할 수 없는 게 현실이더라도 그렇다. 어느 공학자는 말했다.

우리 공학자들은 종종 창의적이지 않다는 비난을 받는다. 사실 공학자가 아닌 많은 사람들이 '창의적인 공학자'라는 말은 모순이라고 말할 것이다. 공학의 많은 부분은 본래 창의적인데, 왜 그런 말을 하는가? 우리가 독창적이지 않다면 문제를 해결하기 위한 새로운 기술은 어떻게 개발하고 새로 알려진 과학의 법칙은 어떻게 적용하는가? ……

우선 **창의성**에 대한 정의를 내려 보자. 창의성은 만들고 발명하고 생산하는-모방하기보다는-것과 관련된 자질로, 독창성과 상상력이 그 특징이다. 공학자가 창의적이지 않다고 여겨지는 한 가지 이유는 그들이 뭔가를 하려고 할 때 빈 석판에서부터 시작하지 않을 때가 더러 있기 때문이다. 오히려 그들은 기존 테크놀로지를 바탕으로 그 성능을 점차 개선하려고 한다.[8]

자기가 알고 있(다고 생각하)는 것 그 이상을 보려고 한다면 마음속에 공간을 만들어야 한다. 공간은 그곳에서 방황할 수 있도록-호기심을 펼칠 수 있도록-만들어져야 한다. 마음을 깨끗이 비우고 아이디어를 향해, 아이디어가 가리키는 방향으로 길을 떠날 준비를 하라. 시인 T. S. 엘리엇(T. S. Eliot, 1888-1965)은 이렇게 썼다.

우리는 탐험을 그치지 않을 것이다.
그 모든 탐험의 끝은
우리가 시작한 곳에 다다르는 것,
그곳을 처음으로 알게 되는 것이다.[9]

겔만은 한 인터뷰에서 '실수'하는 순간을 발견의 원천으로 규정했다. 그는 소립자 물리학의 핵심인 스트레인지니스(strangeness)에 대한 설명을 가능하게 한 깨달음이 언제 일어났는지에 대해 말해달라는 요청을 받았다. 스트레인지니스란 강한 전자기 반응에서 소립자의 붕괴를 설명하는 소립자의 한 속성—양자수로 표현된다—을 말한다.

내 설명이 정확한 것은 아니었지만 정확한 설명과 일치하는 부분도 있었습니다. 어쨌거나 틀린 건 틀린 거였죠. 그리고 나는 어째서 틀렸는지도 알고 있었습니다. 다른 연구자도 같은 생각을 떠올렸다가 틀렸다는 걸 알아냈는데, 그는 그 생각과 함께 …… 틀린 이유도 발표했어요. 하지만 설명을 아주 산만하게 해서 따라가기가 매우 어려웠습니다. 심지어 나는 제대로 읽지도 않았지만 어떤 설명이었을지 알고 있었어요. 나도 같은 생각을 했었고, 그 생각이 틀린 이유도 알고 있었기 때문이었지요. 내가 프린스턴 고등연구소를 방문했을 때 …… 그곳에서 근무하는 이론물리학자로부터 어떻게 해서 그런 건지, 즉 그 생각은 어떻게 전개되고 왜 틀렸는지를 설명해달라는 요청을 받았습니다. 나는 해보겠다고 했어요. 그러고는 칠판 앞으로 가서 그 생각과 틀린 이유를 설명하기 시작했어요. 한창 설명하는 중에 말이 잘못 나왔고, 그 순간 그 실수 덕에 설명이 가능해진 것을 깨달았습니다. 그 설명이 틀렸다고 말하는 건 더 이상 의미가 없었고, 어쩌면 이것이 맞는 답일 수 있었던 거죠. 나는 그렇게 스트레인지니스 이론을 발견할 수 있었습니다.[10]

내가 보기에 겔만이 그 문제를 풀 수 있었던 이유는 바로 우드랜드가 바코드 문제를 성공적으로 풀 수 있었던 그 이유였다. 자신을 이완시키고 문제를 풀겠다는 노력을 멈춘 것이 이전에는 하지 못했던 인식을 가능하게 한 것이다. 그가 그때 하려던 말은 $\frac{5}{2}$였지만 1로 말이 잘못 나왔다. 인터뷰 진행자가 그 두 숫자는 심지어 "언어적으로도 비슷하지 않다."라고 말하자 겔만은 이렇게 대답했다.

> 어떻게 봐도 비슷하지 않습니다. 하지만 1로는 풀렸는데 $\frac{5}{2}$로는 풀리지 않았어요. 그런 걸 보면 인식 영역 밖에서 흥미로운 정신적 과정이 진행되고 있었던 것이 분명합니다. 인식 영역 밖의 정신적 과정에 의해 문제가 풀리고 답이 말을 하고 있었던 거예요. 그리고 그것이 제 말실수에서 나온 겁니다. 정신과 의사들이 좋아할 만한 이야기지요.

스페인의 카탈로니아 출신 건축가 안토니 가우디(Antoni Gaudí, 1852-1926)는 학습의 무효화 과정에서 비롯하는 창의적 접근 방식을 활용한 인물의 한 예이다. 그의 걸작은 바르셀로나에 있는 웅장한 가톨릭교회인 사그라다 파밀리아(Sagrada Familia, 성가족교회)이다. 고딕 양식으로 설계된 이 교회는 다른 건축가의 지휘 하에 1882년부터 건설이 시작되어, 가우디가 맡았을 시점에는 공사가 진행된 지 이미 3년째였다.

이제 자기 손에 그 완성이 맡겨진 교회를 고딕 양식으로 지어야 한다는 의무감에 사로잡혔을 가우디를 상상해보라. 그는 고딕 양식의 건축물에 대해 깊이 연구했고, 그렇게 함으로써 고딕 건축물의 구조적 독창성을 몇 단계 더 발전시키는 쪽으로 창작 과정을 진행할 수 있었다. 그게 가능했던

사그라다 파밀리아.

것은, 그가 이미 하나의 양식으로 굳어버린 고딕 양식에 대해서는 잊어버렸기 때문이었다. 그는 건축사적 접근법에 따른 고딕 양식의 요소들을 사용하는 대신, 고딕 건축물의 구조적 원리를 탐색하는 질문을 했다. 고딕 양식은 어째서 이런 형태인가?

잊어버림, 즉 망각은 다른 창의적인 사람들에 의해서도 창의성의 일부로 받아들여진다. 프랑스의 철학자 가스통 바슐라르(Gaston Bachelard, 1884-1962)는 프랑스의 시인 장 레스퀴르(Jean Lescure, 1912-2005)의 말을 인용한다. "그러므로 앎에는 앎과 똑같은 정도로, 앎에 대한 망각 능력이 수반된다. 앎이 없다는 것은 무지의 한 형태가 아니라, 습득한 지식을 힘들게 초월한 상태이다. 모든 작품은 순수한 시작을 위한 모든 순간에 이 대가를 치러야 하며, 이로써 창작은 자유를 누릴 수 있다."[11]

비즈니스 세계도 학습의 무효화에 대해 설득력 있는 논거를 제시한다. 비즈니스 스쿨에서 이를 가르쳐야 한다고 주장하는 어느 비즈니스 리더의 글이 ⟨포브스⟩ 잡지에 실렸다. 에리카 다완이라는 그 비즈니스 리더도 학습의 무효화에 대한 정의를 내렸는데, 내가 내린 정의와는 같지 않지만 한 번 생각해볼 가치는 있다. 사례연구를 통해 학생들을 가르쳐 그 학생들을 매니저로, 컨설턴트로 비즈니스 세계에 풀어놓는 비즈니스 스쿨이 많기 때문이다. 그러고 나면 학생들은 사례연구에서 배운 것을 그대로 복제하여 업무에 적용하려고 한다. 에리카 다완은 리더십과 혁신에 관한 컨설턴트로 자신의 저서에서 "학습의 무효화란 우리의 지식이나 지각(知覺)을 놓아버린다는 의미가 아니라, 우리가 지각한 세상에서 한 걸음 비켜나 우리의 세계관과 멀리 떨어져 새로운 렌즈를 통해 세상에 대해 해석하고 배우는 것이다." [12]라고 말한다.

다완은 더 나아가 "비즈니스 스쿨은 모호함과 불확실성을 더 많이 받아들일 필요가 있다."라고 말한다. 그것이야말로 창의성으로 가는 길의 일부이기 때문이다.

레스퀴르는 알기 위한 망각—학습 무효화의 한 형태—을 해야 한다고 주장했다. 가우디 자신도 학습의 무효화 과정에서 자신만의 구조적 독창성을 이루어냈고, 자신만의 스타일을 찾았으며, 이전에는 존재하지 않았던 뭔가를 만들어냈다. 5장 ⟨밀고 나아가기⟩에서 가우디가 재료와 구조를 이용함으로써 이를 어떻게 해냈는지 살펴보겠다. 하지만 우선은 문제 만들기, 모으기, 뒤쫓기 등 창의성의 다른 요소들에 대해 알아보자.

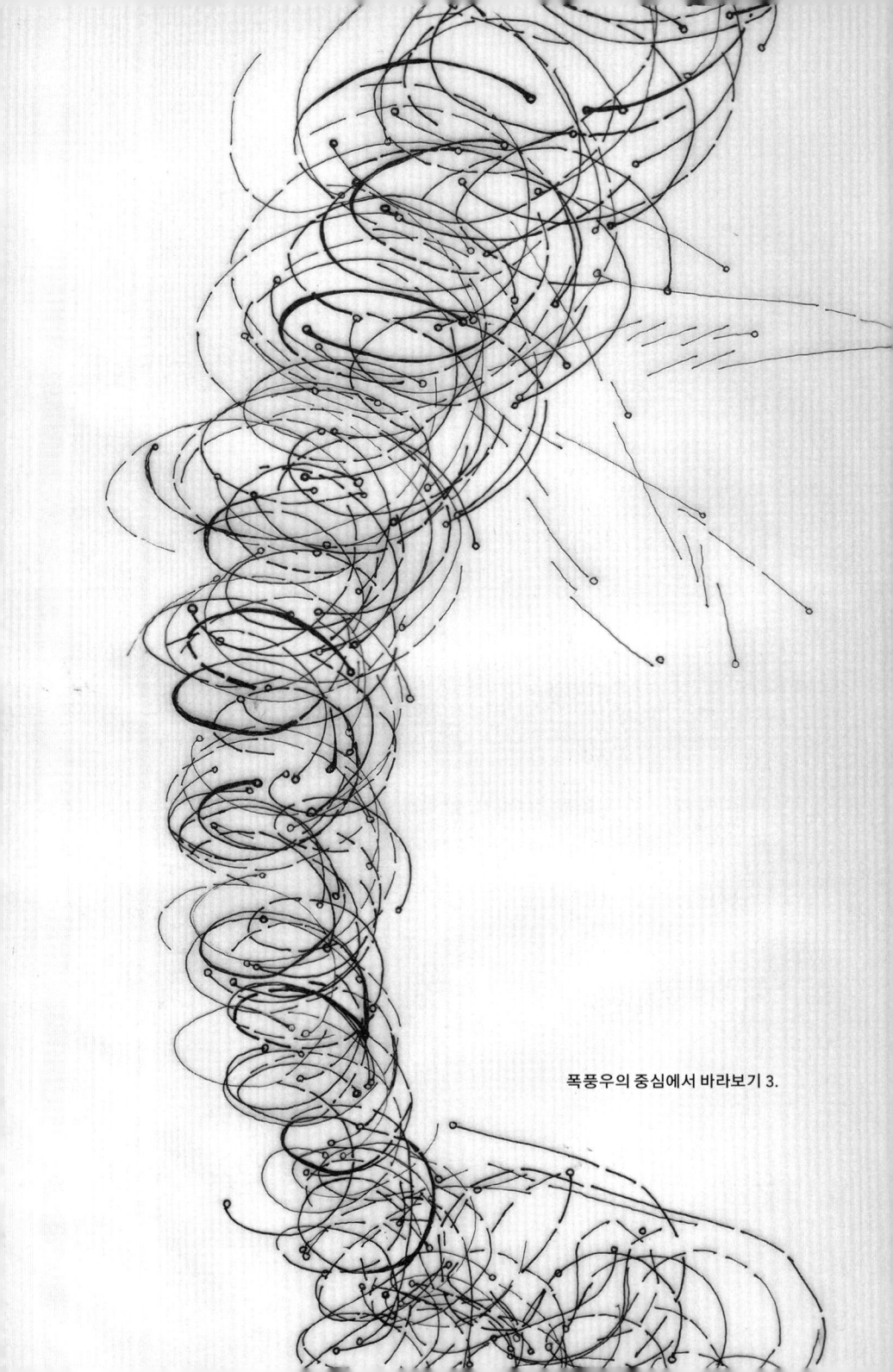

폭풍우의 중심에서 바라보기 3.

3
문제 만들기

학습의 무효화를 통해 선입관을 제거하고 나면 빈자리가 남는다. 그 빈자리에서 필요성과 인식이 일어난다. 그 필요성은 알고자 하는 욕망을 말하며, 이는 뭔가를 알지 못한다는 사실에서, 혹은 이전에 안다고 생각했던 것을 더는 '알지' 못한다는 사실에서 비롯한다. 그렇게 하면 눈앞에 놓인 것에 주의를 기울이고 지금 여기를 인식할 수 있다. 우드랜드가 마이애미비치에서 경험했던 것처럼 말이다.

학습의 무효화 이후에는 창작의 길이 펼쳐진다. 뭔가를 모른다는 사실을 깨달을 때 당신은 문제를 만들어낸 것이다―구체적으로 말하면 채울 필요가 있는 문제를 만들어낸 것이다. 그 문제가 이전에는 존재하지 않던 것이어서 당신이 그 문제를 만들었다고 해도 틀린 말이 아니다. 그 필요성, 즉 학습의 무효화에서 생긴 빈 공간이 알고 싶은 충동을 만들어낸다―그 충동도 그 문제처럼 이전에는 존재하지 않던 것이다. 그 충동은 그 순간 당신이 해나가고 있다고 생각하는 그것보다 훨씬 더 구체적인 것을 알고자 하는 것이다. 그 충동이 그 과정에 필요한 방향성, 의도, 내용을 가동시킨다. 그것이 과정의 역동이다.

미국의 시인이자 교사인 리처드 휴고(Richard Hugo, 1923–1982)는 창작 행위에 대해 다음과 같이 말했다. "창작 행위는 그 자체가 충동을 품고 있는 한편 그 충동을 먹고 자란다. 그 충동을 그 자체가 아닌 다른 뭔가와 연관 짓는 것은 어렵고도 위험한 일이다."¹ 나는 창작의 충동을 또 다른 충동이나 그 충동에 앞선 뭔가로부터 물려받는 것이라고는 생각하지 않는다. 휴고가 말하는 충동과 창작 행위는 떼려야 뗄 수 없는 관계다. 충동이 충동 그 자체가 아닌 다른 것을 원인으로 하여 일어난다고 추정하는 데에는 문제가 있지만, 하나의 창작이 다른 창작이나 각각의 알 필요성에 의해 일어난 더 넓은 맥락의 창작과 연결될 수는 있을 것이다. 하나의 사고 체계가 한 명의 작가, 예술가, 과학자에게서는 소진되고 폐기되더라도 다른 누군가의 충동에 의해 되살아날 수 있다. 당연한 말로 들리겠지만, 충동에 의해 시동이 걸린 사람은 이제 시작해도 좋다는 익명의 초대를 받은 것처럼 진정한 자율성을 느낀다. 충동을 받아들인 사람은 작은 특권의식마저 느낄 텐데, 충동에 사로잡히지 않으면 뒤집어보지 않은 돌멩이처럼 작지만 중요한 기회를 놓칠 것이기 때문이다. 이 충동을 받아들인다면 이제 행동은 자신에게 달렸다는 책임감도 느낄 것이다.

    어떤 문제는 한 가지 작업에 매달려 있다가 갑자기 다른 뭔가를 발견하게 되는 순간에 만들어지기도 한다. 그 다른 뭔가는 알 필요성, 호기심, 호기심을 충족시킬 필요성을 일어나게 한다. 창의성이 발휘된 가장 위대한 업적은 종종 오픈마인드를 가지고 단순히 뭔가를 함으로써, 뭔가를 발견하려고 시작함으로써 일어났다. 대륙이동설을 예로 들어보자. 독일의 지구물리학자이자 기상학자인 알프레드 베게너(Alfred Wegener, 1880-1930)는 한 쪽 대륙의 해안에 깔린 돌이 바다로 분리된 반대쪽 해안의 돌과 동일한 것에 주목했다. 그는 이것이 두 대륙이 한때 하나의 대륙이었다가 서로 떨어져나간 증거일 거라고 추정했다. 베그너는 탐사를 나섰고 그 증거로 돌을 채집했다.

베그너의 이론은 말 그대로 지구를 뒤흔들 만한 것이었다. 그것이 어떻게 가능한지, 단단하고 육중한 덩어리로 지각되는 대륙이 어떻게 바다를 가로질러 흘러갈 수 있었는지를 설명할 수 있는 메커니즘은 당시에 알려진 바가 없었으므로 그 이론은 논쟁을 불러일으켰다. 그것은 터무니없어 보였다.

반세기 뒤에 영국인들은 원래 다른 용도였으나 그 목적에 더해 해저에서 암석을 파 올리는 데도 사용할 수 있는 기계를 만들었다. 그들은 그 기계로 일단 해저를 파기 시작했다. 많은 돌을 파 올렸고, 흥미로운 사실을 발견했다. 화성암이 용융 상태에서 고체 상태로 냉각될 때는 자극(磁極) 방향으로 고정되어 굳는다는 사실이었다. 지질학적으로 젊은 암석은 해령(海嶺) 가까이에서 발견된다. 해령은 대양의 판들이 만나 마그마를 분출하는 곳이다. 늙은 암석은 좀 더 먼 곳에서 발견되는데, 암석이 녹아 분출하면서 늙고 단단해진 암석을 해령 멀리로 밀어버리기 때문이다. 영국의 과학자들은 암석의 채굴 위치, 즉 해령에서 가까운 곳인지 먼 곳인지에 따라 자성(磁性)이 달라진다는 사실을 알아냈다. 그들이 발견한 사실은 해령 근처의 젊은 암석이 형성된 시점과 멀리 떨어진 늙은 암석이 형성된 시점 사이 오랜 세월에 걸쳐 자극이 뒤집혔다는 증거였다. 그들이 밝혀낸 것은 중요한 사실이었다. 고자기학(古磁氣學, paleomagnetism)은 그렇게 발전된 것이다. 영국의 과학자들이 베그너의 가설을 지지하는 중요한 근거를 발견한 것이다.

이와 거의 동시에 일본에서도 유사한 연구를 진행하고 있었다. 일본은 지진 때문에 발생하는 문제가 많아 그 원인을 알아내려는 것이었다.

영국과 일본은 정보를 공유했고, 판구조론이 만들어졌다. 기본적으로 해저 암석에서 발견되는 자극(磁極)은 격렬한 판 이동의 증거이고, 이로써 대륙을 흘러가게 만든 원인이 설명된다. 오늘날의 판구조론은 인간이 지구를 이해하기 위해 필요로 했던 온갖 중요한 암시에 의해 형성된 것이다.

    대륙 이동의 원인을 설명하는 것이 베그너의 문제였고, 그 문제는 그가 들판에서 그런 관찰을 하기 전에는 존재하지 않았던 것이다. 창의적인 일은 그 자체의 필요성을 만들어낸다. 뭔가에 대한 필요성이 존재하게 되면 그것이 필요해진다는 말이다. 베그너는 자신이 관찰하고 호기심을 갖게 된 것에 근거해 이론을 세웠고, 그 이론을 뒷받침할 증거를 찾아냈다. 그 문제가 하나의 창작에서 또 다른 창작으로 옮겨간 것이다.

    문제 만들기는 폭풍우를 휘젓는 것과 같다. 휘젓는다는 것은 폭풍우의 도화선에 불을 붙이는 불안정한 기상 조건을 만드는 것이고, 이는 문제 만들기가 창의성에 불을 붙이는 것과 같다. 어떤 의미에서 창작 과정은 다음과 같이 간단한 등식으로 나타낼 수 있다.

창작 과정 = 모르는 것을 알고 싶은 욕구

즉, 창작 과정을 거치면서 우리는 뭔가를 알기 위해 뭔가를 만든다.

    기상학자였던 베그너는 훌륭한 관찰자였다. 그는 자연현상을 관찰하는 일에 익숙했다. 그는 바다 양쪽 대륙의 암석이 유사하다는 사실에 주목했고, 그러자 무엇이 대륙을 이동하게 만들었는지에 대해 알고 싶은 충동이 일어났다. 베그너는 그 문제를 자신의 창작 과정의 일부가 되게 했다. 하지만 그는 살아생전에 그 문제가 풀리는 것을 보지 못했다. 그를 대신하여 다른 사람들이 그 문제를 풀었다. 그는 양쪽 대륙의 암석이 일치하는 증거를 수집했지만 극지방 탐험 중 빙하에 부딪혀 답을 알아내지 못한 채 숨졌다.

  영국인들은 해저 암석을 채굴함으로써 자신들도 모르는 사이에 베그너가 만들었던 문제를 풀었다. 그리고 일본인들이 그 전부를 판구조론으로 엮어냈다. 이는 창의성이 고립된 것이 아니라는 사실을, 즉 하나의 문제에 대한 충동이 하나의 과정으로 이어지고 그 과정은 알고자 하는 욕구를 일으키며 그 욕구는 또 다른 문제로 이어진다는 사실을 보여주는 좋은 예이다. 날씨도 이와 같아서, 하나의 폭풍우는 결코 앞서 발생했던 폭풍우나 그 뒤에 발생할 폭풍우의 과정들로부터 동떨어진 것이 아니라 서로 연결된 것이다.

  그렇다고 모든 창의적인 일이 검증된 아이디어들의 계보에 속할 필요는 없다. 바슐라르가 말하듯 "시적 행위는 적어도 그 속에서 그것이 준비되고 나타나는 과정을 우리가 따라가 볼 수 있는 과거를, 적어도 가까운 과거를 가지고 있지 않다." [2] 베그너의 발견에도 과거가 개입되지는 않았지만, 그 중요성은 실현되어야 했다. 즉, 다른 사람들이 베그너가 한 일에 그들이 한 일을 연결시켜야 했다.

문제 정의하기

겔만은 «쿼크와 재규어»에서 창의성에 관해 말하면서, 문제를 구체적으로 정의하는 것에 관해 다음과 같은 질문을 제기했다.

옳은 아이디어가 처음 제안되고 받아들여질 때 그 해석의 범위가 너무 좁을 때가 더러 있다. 어떤 의미에서는 그 아이디어에 내재된 암시가 충분히 진지하게 받아들여지지 않았다고 볼 수 있다. 그렇다면 그 아이디어를 처음 주창한 사람이건 또 다른 이론가이건 누구 하나가 그 아이디어로 되돌아가 처음에 제안되었을 때보다 더 진지하게 생각해야 한다. 그렇게 해야 그 아이디어의 중요성이 온전히 평가받을 수 있기 때문이다.[3]

일단 문제가 만들어지면 그 문제를 정의하고 다시 정의하는 과정이 이어진다. 폭풍우도 폭풍우를 형성하는 조건, 내용, 힘을 통해 뚜렷한 형태를 갖추듯, 창작 과정도 분명하게 정의된 문제를 통해 가동되기 시작한다. 정의를 내린다는 것은 구체적인 뭔가에 대한 일반적인 기술이다. 거기에는 어떤 것이 포함되는가? 포함되지 않는 것은 무엇인가? 누가 관여되는가? 언제, 어디서, 왜, 어떻게 관여되는가? 이런 질문들에는 당신이 부여하는 형식이 있다. 중요한 것은 정의하고 다시 정의하고 또 다시 정의하되 어떤 질문에도 선입관에 얽매인 대답을 하지 않는 것이다. 여기에는 의식적으로 문제의 틀을 짜는 것도 포함된다.

문제의 틀 짜기

겔만에 따르면 문제에 대한 명확한 진술은 한 문제의 진정한 경계를 발견하는 것과 관련된다. 문제를 만든다는 것은 문제에 대한 명확한 진술을 일컫는 다른 말이다. 문제의 진정한 경계는 문제의 틀이 된다. 겔만은 자신의 저서에 포함된 〈학습에서 창의적인 사고까지〉라는 제목의 한 장에서 유명한 퍼즐 하나를 예로 들고 있다.

나도 어린 시절에 퍼즐을 즐겨 풀었는데 그 문제가 기억난다. 목표는 아홉 개의 점을 네 개의 선만 사용하여 연필을 떼지 않고 그리는 것이었다. 대부분의 사람들은 그 해답이 아홉 개의 점이 만드는 '박스' 안에 존재한다고 믿는다. 하지만 문제에는 그런 제약이 제시되어 있지 않다. 사실 문제는 아홉 개의 점이 만드는 정사각형 밖으로 선을 그어야 풀 수 있다.

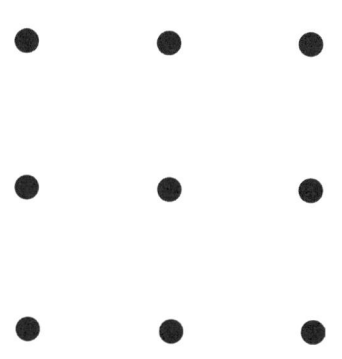

이는 "박스 밖에서 생각하라."라는 말을 그야말로 그림을 통해 알려주는 예이다. 이와 마찬가지로 문제의 틀이 너무 좁으면 당신 스스로가 가능한 답의 범위를 제한해버린 것일 수 있다. 또한 틀이 너무 방대하면 초점을 잡지 못하거나 정의가 제대로 내려지지 않기 쉽다.

물론 많은 문제들에는 다른 사람들이 그들 자신의 필요성에 따라 정의한 진술이 이미 존재한다. 그렇다 하더라도 창작에는 가정이나 선입관에 의문을 품음으로써 생기는 공간이 필요하다. 그 공간에서 비롯한 알고자 하는 충동이 문제를 느끼고 소유하게 만들어 창작 과정에 연료를 재공급하는 것이다.

한 건축가에게 다음 문제가 주어졌다고 생각해보자. "이곳에 창문을 내주세요." 그 건축가는 학습을 무효화한 뒤 문제를 다시 정의한다. 선입관의 뿌리가 건축가의 마음에서 뽑혀나가면 그 문제는 완전히 다른 것이 된다. 그리하여 선입관에 근거하지 않은 새로운 것에 대한 가능성이 열린다. 문제를 재정의하면 창문이란 '빛과 공기와 전망이 필요한 개구(開口)'가 된다.

문제를 처음 만든 사람이 자신이건, 다른 사람이 이미 정의 내린 문제를 다시 정의하는 경우이건, 알고자 하는 충동이 일어난 대상이 자기 자신이라면 창작자도 필연적으로 자기 자신이다. 문제에 대한 정의는 문제를 어떻게 풀지에 대한 내용과 의도를 가동시킨다. 문제가 정의되고 틀이 짜이는 방식이 그 전체 경로에 영향을 미치는 이유가 바로 그것이다.

문제 정의는 문제 해결에 필수적이다. 문제에 대한 정의가 해답을 찾는 방향을 잡고 가속도를 붙이기 때문이다. 문제를 너무 좁게 정의하지 않는 것이 중요한데, 그렇게 해야 해결 과정에서 나타나는 잠재적인 발견을 인식할 수 있다. 해결 과정 중에는 어느 아이디어가 잘 들어맞고 어느 아이디어가 그렇지 않은지에 관해 다른 새로운 가정은 없는지 잘 살펴야 한다. 발견은 작정하고 하는 것이 아니다. 영국인들이 대륙 이동에 대한 설명을 찾으려고 해저에서 암석을 채굴했던 것은 아니었다.

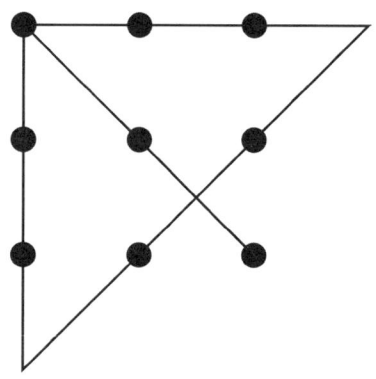

문제에 대해 너무 구체적인 정의를 내리고 그 답을 찾으려고 하면 발견할 기회를 놓칠지도 모른다. 발견하게 되는 것은 정확히 당신이 애초에 찾겠다고 마음 먹었던 그것이 아니다. 이에 대해 미국의 위대한 이론 물리학자 리처드 파인먼(Richard Feynman, 1918-1988)의 경험보다 더 좋은 예는 없을 것이다. 그는 1965년에 노벨 물리학상을 공동 수상했다. 다음은 자신에게 노벨상을 안겨준 그 발견이 어떻게 일어났는지에 관한 그 자신의 이야기이다. 그가 코넬대학교에서 재직하던 시절의 일이다.

내가 카페테리아에 앉아 있는데, 한 남자가 장난삼아 접시 하나를
공중에 던졌다. 접시는 흔들거리며 올라갔고, 접시에 새겨진
빨간색 코넬 문양도 빙글빙글 돌았다. 문양이 빙글빙글 도는 것이
접시가 흔들거리는 것보다 더 빠르다는 사실이 더없이 분명해
보였다. 달리 할 일이 없었던 나는 회전하는 접시의 움직임을
계산해보기 시작했다. 각도가 매우 작을 때는 문양의 회전이 접시의
흔들거림보다 두 배 빠르다는 사실을 발견했다. 2대 1이었다. 이것은
복잡한 공식에서 나온 것이 틀림없었다! 나는 흔들거림에 대한
공식을 찾아내려고 노력했다. 그때 상대성 이론에서 전자의 궤도가
어떻게 이동하는지 생각났다. 전기역학의 디랙방정식도 생각났다.
양자 전기역학도 떠올랐다. 내가 미처 깨닫기도 전에 …… 내게
노벨상을 안겨준 그 모든 일은 흔들거리는 접시에 대해 이런저런
생각을 해보다가 시작된 것이었다.[4]

그 코넬 접시의 복제품은 지금 노벨상 100주년을 축하하는 전시의
일부가 되었다.

문제의 한계

문제 정의에는 한계에 대한 이해가 중요하다. 한계란 어떤 것은 되고 어떤 것은 안 되는지에 관한 것인데, 종종 선입관에 근거한다. 예컨대 고딕 양식의 건축물은 돌로 무엇은 할 수 있고 무엇은 할 수 없는지에 대한 기존의 생각을 버리지 않았다면 결코 만들어지지 않았을 것이다. 돌이라는 재료에는 상당히 제한이 많다. 돌은 압축 상태에서 잘 견딘다.

인장(引張) 상태나 전단(剪斷) 상태에서는 잘 견디지 못한다. 즉 돌 위에는 돌을 올려놓을 수 있다. 쌓는 것이 가능하다는 말이다. 돌의 기능이 가장 효율적일 때는 압축 상태에 있을 때이다. 고딕 양식의 건축가들은 돌이 압력의 전달 경로, 즉 하중이 실리는 벡터의 방향이 중력의 전달 경로를 따라 땅쪽을 향한다면 돌을 높이 쌓을 수도 있고 공간을 확장시킬 수도 있다는 사실을 알아냈다.

가우디가 고딕 양식 교회인 사그라다 파밀리아를 완성하라는 문제를 받았을 때 되돌아갔던 것이 바로 고딕 건축물의 이 핵심 원리였다. 기존의 고딕 양식에 따라 계속 작업하는 대신 그는 그 양식의 요소에 대해 근본적인 질문을 던졌다. 고딕 양식의 요소는 그 목적이나 원리를 연결시키지 않은 채 종종 자동적으로 사용되곤 했다. 가우디는 그 요소를 검토함으로써 고딕 건축물이라는 위대한 발명을 가능하게 했던 원리를 알아낼 수 있었다. 그는 그것에서부터 작업을 시작했다. 가우디가 고딕 구조에 대한 충동을 재발견했다고도 말할 수 있을 것이다. 그는 설계의 기반을 압력의 전달 경로에 두었다. 즉, 돌의 하중이 실리는 벡터의 방향이 중력의 전달 경로를 따라 땅쪽으로 향하게 했다. 그가 그렇게 할 수 있었던 것은 밀고 나아가기라는 창작 과정의 또 다른 요소에 의해서였다.

물론 모든 한계를 뛰어넘을 수는 없다. 따라서 한계에 대한 이해는 한계에 반응하기 위한 열쇠가 된다. 한계 자체가 힘을 지녔다는 사실과 한계에 반응하려면 순발력이 있어야 한다는 사실을 알고 있어야 한다. 내가 창작 과정을 관찰하기로는, 한계를 상호작용하는 변수들의 집합으로 명명할 수 있다면 당신은 지금 잘하고 있는 것이다. 건축학, 공학 등 여러 분야에서 이 변수들은 디자인의 구체적인 사양, 즉 '스펙'으로 이어진다. 구체적인 사양은 이름, 위치, 재료, 차원, 그리고 디자인을 구성하는 여러 측면들로 정의되어 글이나 그림으로 표현된다. 그것은 모든 창작의 일부이며, '순수' 예술가들이 그렇지 않다고 하더라도 사실이 그러하다. 물론 건축가는 실측도면에서 뭔가를 정확히 규정해야 하겠지만, 화가는 "좌측 상단 모서리에서 1.15인치 아래, 2.68피트 우측에 청록색 0.2온스를 사용하라."라고 구체적으로 말하는 일이 결코 없다. 공학자는 모터의 터빈 회전저항력에 대한 허용 오차를 명기해야 하더라도 시인은 시구에 대해 그런 시적 허용 오차, 즉 시적 관용을 명시하지 않는다. 그럼에도 불구하고 화가와 시인은 창작물을 다듬어가는 과정의 일부로서 그 일을 한다.

한계들이 어떻게 서로 연관되었는지를 보는 것 또한 반응을 잘하는 데에 있어 매우 중요하다. 예컨대 무게와 힘은 서로 관련이 있다. 뭔가가 지닌 힘이 뭔가가 들어올릴 수 있는 무게에 제한을 가한다고 할 때, 무게를 더하면 더 많은 힘이 필요하게 된다. 따라서 어떤 구조물의 힘을 증가시키는 것은 종종 더 많은 구조물을 의미한다. 그 자체가 증가된 무게를 의미하기 때문이다. 시간이 돈을 의미하고 A보다 B를 하는 데 시간이 더 많이 걸린다면, B를 선택하는 것은 미리 구상된 A에 책정된 예산의 한계보다 더 많은 돈을 써야 한다는 의미가 된다.

디자이너나 공학자가 사용하는 **최적화**라는 개념은 한계들의 상호관계를 정의하여 제약을 극복하는 데에 그 근거를 둔다. 목표로 하는 것은 구체적이고 흔히 정량화된 결과물이다. 이는 문제 만들기에서 나타나는 진정한 의도로부터 분리된 것이 아니며, 여기서부터 모든 창의적인 노력이 시작된다.

문제 다듬기

　나는 문제의 진술을 정교하게 다듬는 것을 중요시한다. 나는 1992년부터 RISD에서 건축학과 대학원생과 학부생을 대상으로 첫 학기 설계 교육과정을 구상하고 작성해서 가르쳤다. 이 수업은 여러 부분으로 구성되어 있고, 우리 교육과정을 잘 모르는 교수가 가르치는 일도 더러 있어서, 문제에 대한 진술은 학생들의 학습을 유도하는 일관된 장치가 된다. 2장에서 말했듯 문제는 학습을 무효화할 수 있도록 만들어져야 한다. 나는 학생들에게 낯설고 벅찬 문제를 제시하여 부분적으로 그 목적을 이룬다. 문제는 또한 지각하고 구상하는(6장에서 논의될 것이다) 과정이 동시에 일어날 수 있게 만들어져야 한다. 그렇게 해야 학생들이 자신들의 머릿속에 들어 있는 것에 붙잡혀 있거나 무턱대고 행동하는 것을 방지할 수 있다.

　이 수업을 듣는 대학원생들은 지나친 관념화에 빠지는 경향을 보이는 반면, 학부생들은 놀라울 만큼 즉흥적인 방식으로 작업에 임하지만 자신들이 하고 있는 것의 개념화에는 더 어려움을 겪는다. 문제를 만들 때는 학생들 각각이 건축학 언어의 기본 관행을 습득하면서도 자신만의 언어를 개발할 수 있도록 작성할 필요가 있다. 문제는 학생들 각각이 모으기와 뒤쫓기의 과정(4장에서 논의될 것이다)을 출발시킬 수 있도록 만들어져야 한다. 이로써 모으기와 뒤쫓기의 반복적인 과정이 시작되는 것이다.

　문제는 또한 학생들이 당장 시작할 수 있고 목표가 있는 과제의 형태가 되어야 한다. 또한 양적인 한계가 명확해야 한다. 나는 문제를 만들 때 학생들 개개인의 발전에 지워지지 않는 오점이 남지 않도록 주의를 기울인다. 또한 문제에 형식적이거나 양식적인, 또는 이론적인 편견을 입히지 않으려고 노력한다. 개개인이 스스로 찾아 정의를 내리는 데에 의미가 있기 때문이다.

성공적인 문제 만들기

문제 만들기에 성공했다는 것은 어떻게 알 수 있는가? 생각해낸 아이디어가 당신을 앞으로 나아가게 한다면, 그 아이디어가 약간의 정보를 모으는(4장의 주제이다) 다음 단계로 당신을 데려간다면 문제 만들기에 성공한 것이다. 하지만 생각을 너무 많이 하다 보면 문제 만들기에 붙들려 버릴 수 있다. 내가 관찰하기로는, 성공적인 문제 만들기는 생각하는 것뿐만이 아니라 진정으로 만드는 것이다. 즉, 생각과 행동이 함께하는 것이다.

폭풍우의 중심에서 바라보기 4.

4
모으기와 뒤쫓기

   3장에서는 문제 만들기에 대해 다루었다. 문제를 만들면 문제를 풀어야 한다. 이는 모으기(gathering)로부터 시작된다. 한때는 선입관이 차지했던 이 열린 공간을 다시 채우려면 뭔가를 모아야 한다. 내가 모으기라고 말한 것을 다른 분야에서는 다른 이름으로 부른다. 탐정은 **증거 수집**으로, 건설 도급업자는 **자재 준비**로, 지질학자는 **현장연구**로, 의사는 **진찰**로, 요리사는 **식재료 물색**이나 **구입**으로, 시인은 **시작(詩作) 메모**로, 과학자는 **연구**로, 화가는 **스케치**로 부른다. 수집되는 것은 각각 증거, 자재, 암석, 검사 결과, 식재료, 연상, 데이터, 이미지이다. 이것이 대수롭지 않은 활동으로 보일지 모르지만 실제로는 그렇지 않다. 이것은 강력한 작업이다. 모은다는 것은 습득의 과정을 시작하는 것이다. 이를 통해 정보, 재료, 생각, 관찰 결과를 구조화할 수 있다.

   모으기 과정은 원할 때 언제든 시작해도 좋다. 작업을 위한 프로토콜이 먼저 주어질 수도 있다. 모으기 과정은 서서히 유기적으로 일어날 수도 있다. 하나의 프로토콜이나 한 가지 방법을 꾸준히 따라가야 할 수도 있다. 하지만 가끔은 프로토콜이나 방법이 이미 주어진 구체적인 상황에 잘 맞지 않을 수도 있다.

화이트코트 신드롬(white-coat syndrome)이라는 용어는 의사의 진찰을 받을 때 그 스트레스 때문에 환자의 혈압이 상승하는 것을 말한다. 명칭에서 이 증상이 문제로 규정되어 있음을 알 수 있다. 이는 정보를 모으기 위한 간단한 검사가 오히려 잘못된 정보를 줄 수 있다는 인식을 반영한다. 이 경우에는 문제 규정을 통해 프로토콜을 실제 일어나고 있는 일에 맞도록 변화시켰다. 이런 '예외들'에 주목하거나 모으기 과정을 수정할 수도 있다. 그런 프로토콜이나 방법의 개발 자체가 창의적인 행위가 될 수 있다. 가끔은 다른 프로토콜을 가져와 사용하거나 즉흥적으로 만들어야 할 필요도 생긴다. 다시 말하지만 모으기는 강력하다는 것이 요점이다.

　나는 내 좋은 친구 프랭크 윌슨(Frank Wilson)에게 모으기에 대해 물었다. 그는 손, 손과 뇌의 관계, 그리고 손의 숙련된 사용에 대한 신경학적 근거를 연구하는 데 평생을 바친, 세계적으로 명성 높은 신경학 분야의 권위자이다. 그가 손에 대해 쓴 책은 퓰리처상 논픽션 부문 수상 후보에도 올랐다.[1]

　데이터 수집과 분석이 강조되기 시작하면서 그것이 마치 의학적 진단을 내리기 위한 종합적인 평가 방법인 양 받아들여졌는데, 프랭크는 이에 뒤따라 일어난 억측들에 대해 비판적인 태도를 보인다. 내가 3장에서 논의한 바대로, 평가를 내리기 위한 정보를 어디서 모을지는 문제의 틀을 어떻게 짜는지에 따라 결정된다고 그는 내게 말했다. 탐정의 일과 물리학자의 일이 다르게 보이겠지만, 프랭크의 설명은 범죄 현장에서 흔히 보이는 노란색 테이프의 범위를 결정하는 일과 아주 비슷하다.

내가 자주 생각하는 또 다른 이슈는 의학에서 상호작용의 '틀'을 짜는 것이 의사와 환자 간의 상호교류에 얼마나 심오한 영향을 미치는지에 관한 것입니다. 젊은 의사들은, 환자가 자신의 문제에 대해 얼마나 많이 알고 있는지, 자기가 '고용한' 의사를 신뢰하지 않는다는 이유로 얼마나 많은 것에 대해 입을 다무는지 알아차릴 단서가 정말로 전혀 없습니다. 나는 이 사실을 예전부터 알고 있었지만(아버지는 소도시의 보건의였고, 나는 아버지가 들려주는 이야기를 좋아했어요), 그것이 정말인 것을 알게 된 것은 내가 환자들의 손금을 보기 시작한 뒤였습니다(손금을 본 건 책의 집필을 위해서였어요.) 내가 환자의 손바닥 어딘가를 가리키면서 손금 보는 사람은 어떤 생각을 할지 말하는 것만으로 환자들이 개인적인 정보를 말 그대로 '쏟아내기' 시작한다는 것을 대번에 깨달았어요. 내가 직접 물어보았다면 결코 들을 수 없었을 것들이지요.

    결혼생활과 스트레스에 대해 알아낼 작정이라면 그 질문은 최후로 미뤄야 합니다 …… 그저 감정선을 가리키며 그것이 감정과 관련이 있다는 말만 하면 됩니다. 그러고는 물러나 있는 거지요.[2]

예술가나 디자이너가 정보를 모으는 방법은 오픈마인드를 유지하고 진정 창의적인 창작물을 만들어내는 데 중요하다. 이는 종종 작위적이지 않은 방법으로 이루어진다. 즉, 창작자가 창작물에 대한 압박감 없이 감각적으로 임한다는 뜻이고, 그 창작물에는 그런 행위가 이미 각인되는 중이다. 내가 생각하기로 이 단계에서 이미 그 모든 것(생각을 포함하여)이 합쳐지는 방식이 진행 중인 창작물에 각인되고 있는 것이다.

프로젝트의 출발점에서 당신은 그 일을 해야 하는 창작자임에도 그 창작 활동의 결과물이 어떤 형태일지, 심지어 가려고 하는 방향이 어느 쪽인지에 대해서도 말할 수 없을 것이다. 하지만 프로젝트를 출발시킬 때 관찰한 것과 모은 재료들이 서로 어떻게 관련되는지가 그 프로젝트의 씨앗이 된다. 모으기 과정을 엄청난 양의 정보를 기록하기 위한 도구로 여겨 정보를 강박적으로 모아들이는 사람도 있을 수 있다.

예술가들에게는 재료를 모으거나 조사를 하는 방식을 통제하는 진정한 프로토콜이 없기 때문에, 예술 분야의 창작에서 모으기가 일어나는 범위는 실로 방대하다. 예를 들어 인포그래픽스 디자이너인 닉 펠튼에게는 자기 삶의 여러 측면을 '무작위'로 기록하는 것이 창작이었다. 그는 이를 데이터 기록법을 설계하는 데 적용했고, 유용한 앱도 만들었다. 그는 '연간 리포트'라는 것을 만들어 거기에 자기가 1년 동안 모은 자신의 이야기를 담았다. 그가 한 일이 페이스북 사용자들의 관심을 끌었고, 그는 페이스북 디자이너로 일해 달라는 요청을 받았다. 지금 페이스북에서 보이는 것이 그의 '타임라인' 콘셉트이다.[3]

모여 이루어진 것

건축가로서 나는 사물들을 어떻게 구조화하고 합치는지를 매우 중요하게 생각한다. 나는 사물들이 어떻게 합쳐지는지에 대한 이면의 생각을 읽는다. 내가 창작 과정에서 모으기를 매우 중요하게 여기는 이유가 바로 그것이다. 나는 종종 건축학 학위논문 프로젝트를 시작하는 학생들에게 모여 이루어진 것을 만들라는 과제를 준다. 즉, 고정 장치 없이 그 자체의 힘에 의해 합쳐졌으면서 그 자체를 정의할 수 있는 뭔가를 만들라는 뜻이다. 학생들이 만든 물체의 구조적인 질서는 그들의 생각에 대한 다이어그램 역할을 하여 프로젝트를 지적으로 시작할 수 있게 해준다. 달리 말하면 부분과 부분이 어떻게 연관되고 합쳐지는지가 프로젝트의 의도를 분명히 드러내는 다이어그램이 될 수 있는 것이다.

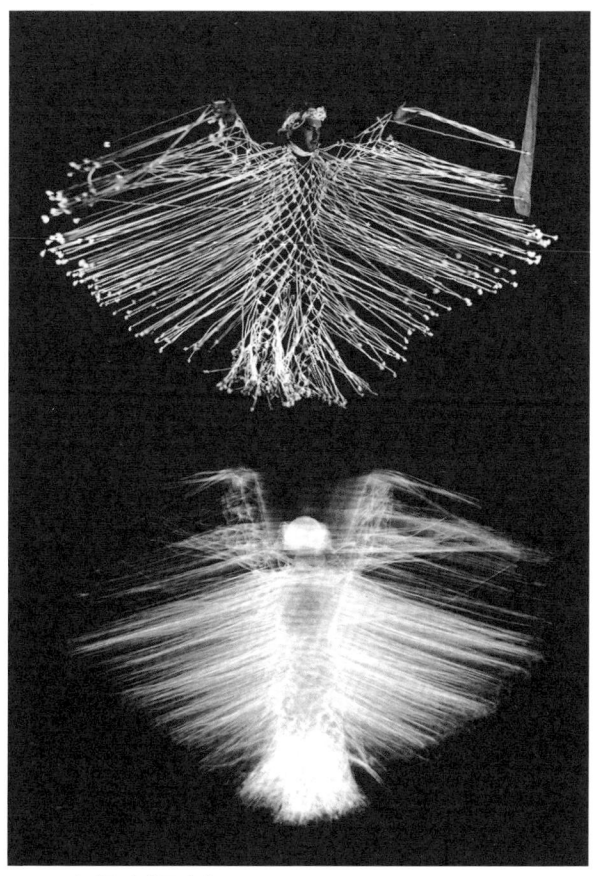

모여 이루어진 중력 슈트.

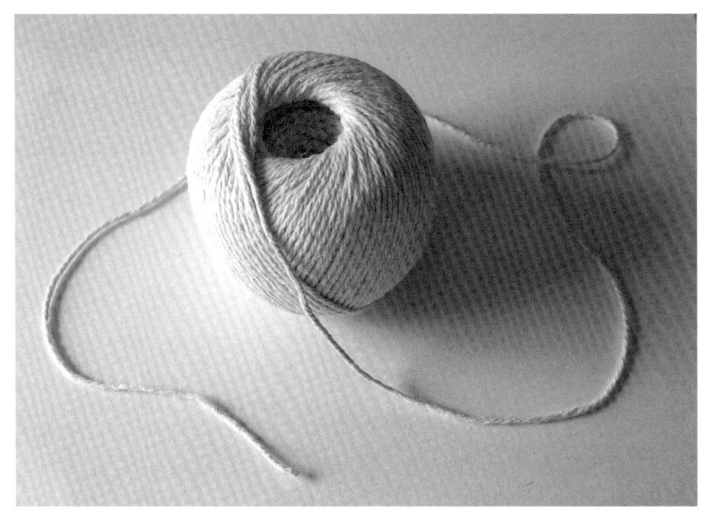

　내가 모여 이루어진 것이라고 명명한 것의 예들은 우리에게 영감을 준다. 실 꾸러미가 간단하면서도 우아한 예이다. 실 꾸러미를 실 꾸러미라고 부르는 것은 그 구조를 일컫는 말이기도 하다. 실 꾸러미는 실이라고 부르지 않고 실 꾸러미(ball of string)라고 부른다. 실 꾸러미는 원추대에 실이 감기면서 만들어진다—원추대는 일정한 각도로 기울어진 축이 회전하면서 실을 모으는 단순한 장치이다. 실은 회전 동작과 축의 각도에 의해 크게 원을 그리면서 정확히 나선형으로 감긴다. 꾸러미는 점점 커지고, 그렇게 하여 먼저 감긴 실이 고정된다. 꾸러미의 지름이 커지면서 나선형으로 올올이 감긴 우아한 구조가 꾸러미의 모양을 유지시킨다. 실 꾸러미는 그렇게 만들어진다. 재료가 우아하게 기하학적으로 배열되면서 효율적으로 합쳐진 것이다.

폭풍우는 모여 이루어진 것의 더 복잡한 예이다. 폭풍우는 습기와 열기와 입자가 모여 확장된 구성체이다. 폭풍우는 이리 밀리고 저리 당겨지면서 대양과 대륙 위에 펼쳐진 공기를 모은다. 폭풍우의 형성에는 서로 구분되지 않는 여러 가지 것들과 조건이 기여한다. 폭풍우는 따뜻한 물이 일으킨 작은 교란에서 시작된다. 따뜻한 바닷물의 물 분자들이 충돌하면 그 일부가 바다를 탈출하여 수증기가 된다. 바다의 따뜻한 공기는 차가운 공기 상부로 상승하면서 열을 잃고 물방울로 응결된다. 이렇게 해서 수증기가 상승하게 되는 것이다.

폭풍우는 커지면서 점차 구조화된다. 폭풍우는 작은 엔진 같은 것을 생성시켜 그것으로 열에너지를 기계적인 풍력 에너지로 전환시키는데, 이 풍력 에너지가 폭풍우에 힘을 실어준다. 폭풍우에도 거동, 가속도, 방향이 있다. 폭풍우도 중요한 의미가 있는 결과를 낳는다. 폭풍우는 사방에서 재료를 끌어 모아 그 자체를 구성함으로써 다른 기상 시스템과는 구분되는 그 자체의 구조를 만든다. 이처럼 '모여 이루어진 폭풍우'는 창작 과정에 대한 아주 좋은 비유이다.

새들의 무리는 또 다른 모여 이루어진 것이다. 찌르레기 떼를 본 적이 있다면 그 무리가 마법을 일으킨 것처럼 모이고 이동하고 나아가는 것에 깜짝 놀랐을 것이다. 그 움직임은 매우 질서정연하고 적응적인 것으로 보인다. 구름처럼 자욱하게 날아가는 새들은 투명한 깃발 같다. 일군의 프린스턴대학교 공학자들은 찌르레기 떼를 더 잘 이해하기 위해 이탈리아인 물리학자 두 사람과 팀을 이루어 연구하면서 그 새들의 이동을 '하늘의 보이지 않는 자석에 의해 인도를 받는 쇳가루 형태의 대형'[4]이라고 불렀다.

로마 콤플렉스시스템연구소의 과학 부서에서 일하는 그 두 사람의

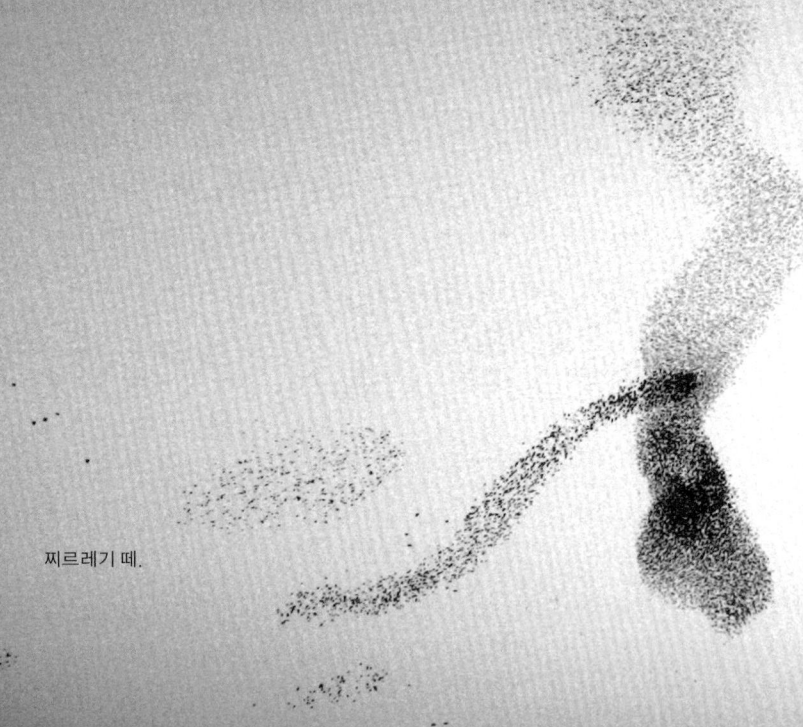

찌르레기 떼.

물리학자는 찌르레기 한 마리는 한 무리를 이룬 1천여 마리의 새들 중 단 일곱 마리만 뒤쫓는다는 사실을 알아냈다. 가장 가까이에 있는 일곱 마리다. 프린스턴의 공학자 두 사람은 그 새들의 무리에서 요구되는 조응과 합의 정도를 평가하는 수학적 모형을 만들기 위해, 또한 일종의 비용편익적인 모형을 만들기 위해 이탈리아 물리학자들이 촬영한 영상을 활용했다. 상황의 불확실성을 고려하여 그들은 한 마리가 일곱 마리를 뒤쫓는 것이 가장 효율적인 에너지 사용법임을 알아냈다. 그들은 또한 찌르레기 떼의 형태가 구(球)나 달걀 모양이기보다는 표면이 고르지 않은 '군데군데 거품이 터진 듯한 팬케이크' 같다는 사실도 알아냈다. 이 얇고 출렁이는 형태 덕에 그 새들은 불확실하고 예측할 수 없는 많은 조건과 변화에 부닥쳤을 때에도 이웃한 일곱 마리를 계속 뒤쫓아 흩어지지 않을 수 있었던 것이다.

    창작 과정의 불확실성 속에서 살려면 그런 적응적이고 일관된 구조를 갖는 것이 정말 좋지 않겠는가?

    이런 예들에서 모여 이루어진 것 각각의 질서를 비교해 보면, 그 각각에 대해 적절한 기능을 하면서 그에 고유한 기하학적 패턴을 가진 독자적인 질서가 분명하게 나타난다. 내가 말하는 질서란 전체를 합쳐놓은 추상적인 구조이다. 사물에 전반적인 형태를 부여하는 것이 바로 그것이다. 누군가의 창작을 지켜볼 때나 나 자신이 직접 창작에 관여할 때 나는 늘 이런 모으고 해체하는 과정을 보게 된다.

지성

내가 이제 제시하는 예들은 창의적이며 의식적인 모으기에 대한 영감을 일으킬 것이다. 모으기는 문제가 어떻게 정의되고 틀이 어떻게 짜이는지에 영향을 받는다. 또한 모으는 것의 내용에 의해 영향을 받는다. 모으는 방식에 따라 구조가 만들어지고 내용이 합쳐지며 아이디어의 구조 또는 형태가 나타난다. 이러한 모으기의 구조는 형태의 유전적 코드와 같다. 이런 형태 부여하기가 바로 지성(intelligence), 즉 '내가 모은 바……'(I gather that……)이다.(gather는 '모으다'라는 뜻이지만 I gather that ~은 '내가 (모아들인 바에 따라) 이해하기로는~'이라는 뜻으로 쓰인다.-옮긴이)(구어체에서 자주 쓰이는 표현이다)이다. 내가 지성이라는 단어를 사용할 때는 우리가 정보를 받아들이고 처리하여 다시 투사해 내보낸다는 의미로서다.

당신이 재료를 모을 때 당신은 자신의 검색엔진이 된다. 2004년의 인터뷰에서 구글의 창립자 중 한 명인 세르게이 브린은 "이 세상의 모든 정보가 당신의 뇌에 직접 부착되어 있다면, 혹은 당신의 뇌보다 더 똑똑한 인공뇌에 부착되어 있다면 당신은 지금보다 더 나은 삶을 살 것이다."라고 말했다. 그가 설명하기를, 자신이 구글의 공동 창립자인 래리 페이지와 함께 구글을 '정확히 당신이 원하는 그것을 파악하여 정확히 당신이 원하는 그것을 돌려주는 완벽한 검색엔진'[5]으로 만들고자 하는 포부를 가졌던 이유가 그것이었다.

그들의 생각이 정보 접근법의 발전을 이루어낸 원대한 야망이었음은 사실이지만, "무엇을 할까? 어디로 갈까? 적당한 때는 언제지?"와 같은 질문에 대한 답은 자기 자신이라는 검색엔진으로 찾아야 한다. 창작 과정의 일부로 모으기를 하는 이유가 그것이다. 아무것도 없는 데서 뭔가를 만들어내고, 의미가 통하지 않던 것에서 의미가 통하는 것을 만들어낸다. 자신만의 방법을 찾는 것이다. 모으기 자체는 감각, 즉 눈과 손과 귀 등을 통해 일어난다. 그것은 지각이라는 형태로 일어난다(6장을 보라). 우리는 알아차리기 위해 모은다. 이야기하고 말로 추론하기 위해 모은다. 뭔가를 알기 위해 모은다. 사물들 간의 관계를 부분과 부분, 그리고 부분과 전체로 파악하기 위해 모은다.

I know(내가 안다)와 관련된 구어 표현이 많다. I know 대신 I reckon, I get it, I grasp it, I figure, I see를 쓰는데, 이는 '아는 방법'이 많음을 보여준다.

이런 표현들을 사용할 때 지금 말하려고 하는 것이 무엇인지를 생각하고 있다는 사실은 흥미롭다. Reckoning(추정하다)은 counting(셈하다)과 관련이 있다. 이 단어에서 만들어진 recounting이라는 단어는 '이야기하다'라는 뜻이다. 이 단어들은 숫자나 단어를 통해 모으는 것을 말한다. I got it(내가 가졌다)은 알거나 이해하기 위해 필요한 것을 소유한다는 말이다. I grasp it(내가 파악한다)도 일반적으로 사용되는데, 좀 더 구체적으로 손이 아는 방식으로서의 표현이다. Figuring(형태로 나타내다)은 뭔가의 형태를 갖추거나 뭔가에 형태를 부여하는 것과 관련이 있다—형태를 통하여 존재하게 되는 것이다. I see(내가 본다)에서는 지각(知覺)이 알기 위한 장치로 사용된다.

이제 지성(intelligence)의 어원과 그 의미를 정의하는 데 사용된 단어들을 살펴보자. 지성이라는 단어의 의미에는 두 가지 측면이 있는 것 같다. 한 가지는 라틴어 precipere에서 파생된 'perception', 즉 지각이다. 이는 붙잡거나 느끼는 것을 의미한다. 또 다른 의미는 dis(떨어져)와 cernere(분리하다)를 합한 말인 discernere에서 파생된 'discernment', 즉

분별이라는 뜻이다. 영어 단어 certain의 뿌리가 라틴어 certus이고, 이는 '결정된' 혹은 '고정된'을 뜻하는 cernere의 한 어형이다.

지금까지는 영어에서 지성이라는 단어를 정의하기 위해 사용된 단어들에 대해 알아보았지만, 지성이라는 단어 자체는 어떠한가? 이 단어는 '~사이에'를 뜻하는 라틴어 inter와 '모으다'를 뜻하는 legere에서 파생했다. 따라서 '모으기'를 의미한다.

뭔가를 모은다면 그것은 비워진 마음이 채워질 필요가 있어서다. 따라서 선입관이 빠져나가면서 생긴 공백의 문제를 해결하는 방법으로 우리는 모으기를 하는 것이다.

궁극적으로 지성은 우리가 창작하는 것이나 만드는 것에 각인된다. 지성은 근본적인 코드, 창작의 DNA와 같다. 창작물은 그것을 만드는 과정이 압축된 것이다. 당신이 그 안에 담아내는 것은 그 안에 남아 당신을 대변한다.

다양한 아는(형태로 나타내는, 보는, 파악하는, 정보를 받아들이는) 방법들은 우리가 말하고 행동하고 만드는 것에 그 흔적을 새겨놓는다. 모으는 방법이 구조를 만들거나 내용을 합치고, 아이디어의 구조를 만들거나 아이디어에 형태를 부여하기 시작한다. 모아서 만든 이 구조가 형태의 유전적인 코드이다. 또한 창작물이 취하는 형태이다.

위대한 건축물은 어느 것이건 부분과 부분은 어떻게 연관되고 부분과 전체는 어떻게 연관되는지에 관한 일관된 DNA를 가지고 있다. 이것이 구조상의 질서(5장에서 다룬다)이다. 핀란드의 위대한 건축가이자 디자이너인 알바 알토(Alvar Aalto, 1898-1976)의 작품에 적층 목재를 기하학적으로 구부려 놓은 것이 있는데, 이 기하형태를 디테일 차원에서, 그리고 전체 공간 구성의 차원에서 살펴볼 수 있다. 매사추세츠 주

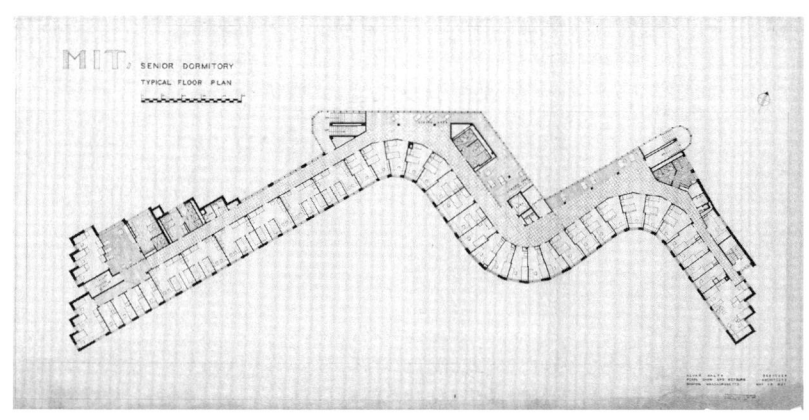

베이커 하우스 도면.

캠브리지의 MIT 기숙사인 베이커 하우스의 설계는 다기능의 곡선 레이어드 바(bar) 형태로 되어 있다. 건축가들은 긴 직사각형 블록으로 만들어진 건물을 '바'나 '바 빌딩'이라는 용어로 부른다. 바 빌딩이란 수평 방향으로 긴 건물, 타워는 수직 방향으로 긴 건물을 말한다. 곡선의 바 빌딩을 구성하는 기숙사 방들은 직선의 레이어드 바를 칸칸이 나눈 뒤에 곡선으로 구부린 기하형태를 가지고 있다. 이것은 먼저 구부린 뒤에 칸칸이 나눈 곡선의 바와는 그 구조가 다르다. 이 건물의 디자인에 나타난 기하학적인 특성은 재료를 층층이 쌓아올리고 구부리는 작업을 하다가 알게 된 것이다. 알토는 가구를 디자인하면서 구부린 합판을 가지고 많은 습작을 했다. 바를 나눈다는 것은 기숙사의 형태에 처음부터 내재된 사실이었다. 나눈 공간들이 커뮤니티를 이루는 학생들의 방 하나하나가 되기 때문이다. 미묘하지만 중요한 이런 기하학적인 차이가 결과적으로 학생들의 방에 대한 경험에, 각자의 방에서 바라보는 전망에, 곡선 벽면에 낸 창문과 벽돌의 구체적인 형태에

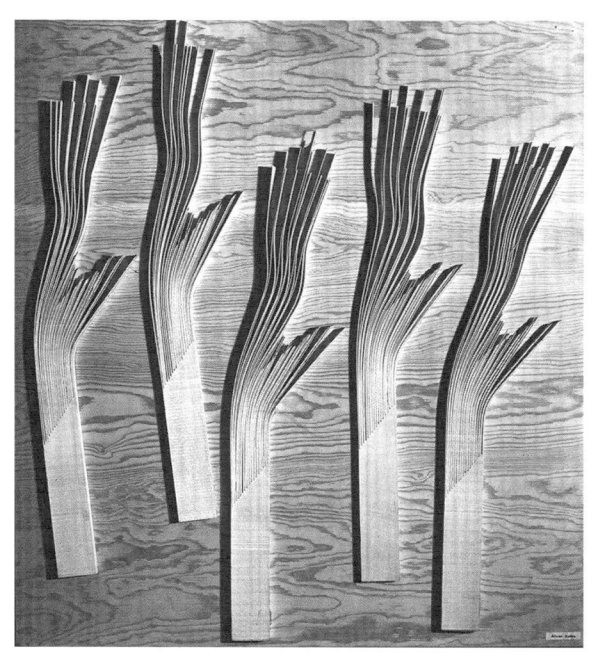
알토, 구부린 적층 목재 습작.

영향을 미친다. 각각의 방은 곡선의 바를 쿠키커터로 찍어내듯 하나씩 잘라낸 방이 아니라 애초에 형태를 갖춘 다이어그램의 일부이므로, 기숙사가 각각의 학생이 모인 커뮤니티라는 의미를 갖게 해 준다.

   습작이 최종 건축물에 어떻게 새겨지는지에 대한 예는 무수히 많다. 5장에서 자세히 다룰 가우디의 사그라다 파밀리아는 가우디가 밧줄과 추를 사용해 자신의 생각을 3차원으로 '스케치'한 것을 바탕으로 설계되었다. 이는 구조, 형태, 계획…… 모든 것에 대한 생각과 아이디어를 합치는 독자적인 방법이었다.

   모여 이루어진 것의 예에는 매듭도 있다. 매듭은 매듭마다 아주 다를 수 있다. 각각의 매듭은 바로 그 매듭이 만들어지게 한 원인의 결과이다. 수부(水夫) 매듭은 뱃사람들의 목적을 직접적으로 만족시키기 위해 고안된 것이다. 우연히 만들어지는 매듭도 있는데, 여자아이의 머리칼이 엉겨 붙은 것, 줄이 엉킨 목걸이, 실패에 감아 놓지 않아 헝클어진 실이 그 예이다. 또한 수학적인 매듭도 있다. 이 세 가지 유형 모두에 모으기와 해체하기의 구체적인 배열이 있다. 첫 번째는 무용수의 안무 같은 손놀림에, 두 번째는 우연에, 마지막은 수학적 정의에 따라 배열된다. 모아진 재료나 아이디어의 구체적인 구조가 해결책의 전개에 영향력을 미치고 그 특성을 각인시킨다. 다시 말하지만, 이 작업은 손쉬운 것이 아닐뿐더러 앞으로 일어날 일에 결정적인 역할을 한다.

뒤쫓기

모으기를 통해 이상(ideal) 또는 목표가 나타난다. 이는 궁극적으로 만들어질 것에 대한 정의를 내리는 일의 시작이다. 그 과정에서 '특성'이 나타날 텐데, 이 특성을 뒤쫓을(tracking) 필요가 있다. 이는 데이터의 점들을 x–y 축에 표시하여 모은 것과 같다. 이 점들에서 나타나는 선이 이상으로 구현된다. 이것은 창작 과정에서 궁극적으로 만들어질 것에 대한 초기의 표식이다.

신약 개발 과정에서도 이의 구현을 볼 수 있다. 과학자는 데이터를 취해서 그래프에 점을 찍는다. x축을 따라 데이터 점들이 찍히면 y축에는 과학자들이 따라야 할 방향이 나타난다. 이어, 최종적으로 만들어질 약의 특성이 드러난다.

신약 개발의 예처럼 다른 일반적인 경우에도, 모은 내용이 합쳐진 구조에서 이상 또는 목표가 나타난다. 그것은 구체적이고 유동적이어서, 마치 따라가거나 뒤쫓아야 할 냄새 같은 것이다. 이제 더욱 새로워진 오픈마인드를 지닌 채 우리는 재료를 모으는 단계에서 뒤쫓는 단계로 옮겨간다. 뒤쫓기는 명확성을 얻기 위한 목적 있는 추격과 관련된다.

Tracking(뒤쫓기)은 track의 동명사로, 특정한 경로를 따라간다는 뜻이다. 자동사의 용례–"폭풍우가 지면에서 시속 30마일로 뒤쫓고 있습니다."–에서뿐 아니라, 타동사의 용례–"기상학자들이 폭풍우를 뒤쫓고 있습니다."–에서도 마찬가지다. Track(뒤쫓다)은 '뭔가의 흔적을 따라간다'는 의미로, 어원적으로 tract와 관련이 있다. Tract는 라틴어 tractus의 과거분사 trahere가 그 뿌리이며, 뭔가를 (따라) 그리는 동작, 또는 그리는 행위 자체를 의미한다. Track, tract, trait, trace 모두 동사로,

그리는 것—나는 그리는 것의 역할을 이렇게 이해한다—과 관련이 있다. 프랑스어 단어인 trait는 그리는 행위를 가리킨다. 특히 '특징을 묘사하는 한 번의 붓질'을 말한다. 이는 뒤쫓기의 과정이자 역동적인 추격이며, 그리기라는 피드백을 통해 끊임없이 업데이트된다. 이를 통해 우리는 명확성을 얻고 편집상의 결정을 내릴 수 있게 된다.

화가 알프레드 디크레디코(Alfred DeCredico, 1944−2009)는 RISD의 기초과정 교수로서 드로잉을 가르쳤다. 그는 8피트 폭의 유화—그의 그림은 모피, 뼈, 전등 등으로 구성되어 있다—를 그릴 때에도 드로잉이 작품을 그리는 기본임을 알고 있었다. 디크레디코는 이렇게 말했다.

> 드로잉은 경험을 재생하는 행위가 아니라, 화가가 창작 행위에 참여하는 동안 혼자 하는 활동이다. 드로잉은 화가, 건축가, 조각가, 제품 디자이너를 구분하지 않고. '미학적'인 것 너머에 있는 표현의 적절성 여부를 판가름 한다. 드로잉은 '아는 것'과 '발견한 것'이 서로 부딪치고 섞이는 현재와 미래 사이의, 그 가능성의 자리에 존재한다.[6]

뒤쫓기는 추상적인 개념(abstraction)을 중심에 두고 진동하는 것을 말한다. Abstraction은 떼어내서 끌어내는 것을 의미한다(ab = 떼어내서 + tract = 끌어낸다). 추상적인 이상이나 목표가 어떤 문제와 관련된 온갖 어수선한 맥락 속에서 끌어내어져 뚜렷하게 구별된다. 뒤쫓기의 한 예로 온도조절장치의 피드백 컨트롤 기능에 따른 주기적 진동을 들 수 있다. 그것이 형태에 대한 기준이 되고, 이상이나 목표를 '명확히' 해준다. 또한 이로써 3장에서 말한 한계들의 관계에 대해 더 정확한 정의를 내리는 과정이 시작된다.

피드백이 있는 탐색, '의도한' 결과를 중심에 둔 왕복이라는 개념은 창작에서 나타나는 기획/ 제작/ 피드백/ 반영/ 비평의 반복적인 순환주기와 유사하다. 이 순환주기는 모으기를 통해 규정된 특성에 따른다. 모으기는 뒤쫓기를 규정하고, 뒤쫓기는 더 구체적인 모으기로 이어진다. 뒤쫓기와 모으기는 상호의존적이다. 찌르레기 떼를 합쳐놓는 것이 '뒤쫓기'이고, 찌르레기 떼가 하늘을 날며 뒤쫓을 수 있게 만드는 것은 집단지성 혹은 무리의 '모으기'이다. 이 반복적인 과정이 창작자, 창작물, 세상, 그리고 의도 사이를 왕복한다. 그와 동시에 받아들이고, 밀고 나아가고, 바로잡고, 사실로 가정한다.

이런 맥락에서, 내가 말하는 뒤쫓기는 마음으로 추격하고 연마하며 반복적으로 왕복하는 순환주기이다. 이는 어떤 대상을 직관에 따라 곧바로 파악해버리는 것과 같다. 종종 분명한 목적을 알 것 같은 느낌이 들면서 "지금 내가 뭘 하는 건지는 모르겠지만 이걸 해야 한다는 건 알아."와 같은 생각이 일어나는 것이다. 디크레디코는 어떤 연역적인 목적지 없이 자신의 과정을 뒤쫓는다. "드로잉은 탐사이자 모험이다. 나는 내가 그린 드로잉이 말해주는 것에 나 자신이 충격을 받을 때까지, 내가 있는 곳이 이전에는 가본 적 없는 장소라는 것을 알게 될 때까지 드로잉 작업을 한다. 나는 어디로 가는지 알지 못한 채 드로잉을 시작하고 내가 그곳에 도달했음을 드로잉이 말해줄 때 그것을 끝낸다."

나는 작업 그 자체에 각각 표면적인 의도, 시작할 때의 의도, 진정한 의도가 있다고 생각한다. 표면적인 의도란 온갖 선입관과 더불어, 주어진 문제에 의문이 제기되기 전부터 그 문제에 내포된 의도라 할 수 있다. 시작할 때의 의도란 학습의 무효화가 일어날 때 나타나는 의도이다. 진정한 의도는 추상적이고 생성적인 과정이 본격화되면서 발달한다.

창작물 자체의 진정한 목적, 그 발달하는 목적을 창작자의 에고가 투여된, 의도로 가장되고 집요하며 완고한 선입관과 구분하는 것이 중요하다.

시인이자 작문 교사인 휴고는 **시작할 때의** 또는 **촉발적인 주제**라는 용어와 진정한 또는 생성적인 주제라는 용어를 대조하여 사용했다.

> 시인(詩人)은 두 개의 주제를 갖는다고 말할 수 있다. 하나는 시작할 때의, 또는 촉발적인 주제로, 시를 시작하게 하고 시가 써지도록 촉발하는 '원인'이 된다. 또 하나는 진정한, 또는 생성적인 주제로, 시가 궁극적으로 말하거나 의미하게 되는 것, 즉 시 쓰기가 진행되는 동안 생성되거나 발견되는 주제이다. 이 말은 시인이 진정한 주제를 인식하고 있음을 시사하므로 전적으로 맞는 말은 아니다. 시인은 진정한 주제가 무엇인지 인식하지 못할지 모르지만, 그 시가 완성된다는 본능적인 느낌은 가지고 있다.[7]

뒤쫓기는 또한 아이디어나 목표와 관련된 허용 범위를 알 수 있게 해준다. 예컨대 지도를 만든다면 지도에 그리는 선의 굵기는 지도의 전반적인 크기에 따라 달라질 것이다. 선이 너무 굵으면 지도에서 제 기능을 하지 못할 수도 있다. 작은 지도에 굵은 선이 그려지면 지도 자체를 읽을 수 없게 된다. 특정한 척도로 제작된 지도에서 국경을 표시하는 굵은 선은 실제로 10킬로미터일 수 있다. 이 예가 허용 범위의 개념을 분명히 보여준다.

허용 범위를, 즉 서로 관계를 맺은 제한 요소들 안에서 기준이나 목표를 중심으로 허용되는 진폭을 찾아내는 방법에는 몇 가지가 있다.

한 가지는 놀이를 통해서다. 야구장의 규격도 놀이라는 방법을 통해서 정해졌다. 베이스와 베이스 사이의 거리, 투수 마운드와 홈플레이트 사이의 거리는 야구에 특유한 인간 활동의 허용 범위, 그리고 야구라는 창조된 경기 안에서의 허용 범위를 반영한다. 그 규격은 시행착오를 통해, 혹은 여러 변수들의 작용을 통해 정해졌다. 즉 투구, 타격, 주루, 포구, 도루, 송구, 슬라이딩, 태그 등에 대한 인간의 운동 능력치에 영향을 받은 것이다. 이들은 장비 사용에 의해 강화된 능력과 관련된다. 그리고 의지나 동기, 인간의 기타 자질 등 수치로 산정할 수 없는 측면과 관련된다.

 이 모든 변수들이 경기장 전체의 규격에 의해 작용하고 균형 있게 유지된다. 이를 통해 공격팀의 역량과 수비팀의 역량이 균형을 이룬다. 즉 **경기가 가능**해진다. 예컨대 베이스와 베이스 사이의 간격이 더 멀면 선수들은 다음 베이스까지 지금처럼 빠르게 뛰어가지 못할 것이고, 홈플레이트를 밟아 득점하기도 전에 쓰리아웃으로 경기가 끝날 것이다. 타자는, 투수 마운드가 홈플레이트에서 더 멀면 더 유리해져, 1루까지 걸어 나가기도 쉽고, 공이 홈으로 날아오는 동안 속도가 느려져 안타도 더 많이 치게 될 것이다. 그렇게 되면 공격팀은 계속 점수를 올리면서 무한히 공격을 계속할 것이다. 투수의 마운드가 홈플레이트에 더 가까우면 안타 수는 더 줄어들고 스트라이크아웃 수는 더 많아져 두 팀 다 점수를 얻기도 전에 공격에서 수비로, 수비에서 공격으로 순서만 계속 바꿀 것이다. 경기장의 규격은 이론적으로 만들어진 것이 아니라, 경기를 통해 경험적으로, 즉 이 모든 변수들이 다 작용하여 치러진 경기 결과를 통해 만들어진 것이다. 이를 통해 공격팀과 수비팀에게 일어날 수 있는 문제들이 균형점을 찾을 수 있었다.

 허용 범위는 절차에서도 발견된다. 알고리즘을 예로 들어보자.

알고리즘은 잘 정의된 규칙과 명령어들로 구성된 유한개의 목록에 근거하여 한 단계씩 계산을 해나가는 절차를 말한다. 목표나 아이디어는 그런 단계를 하나씩 밟아가면서 결정된 결과물이다. 하지만 여기에는 허용 범위가 개입될 여지가 많다. 이 경우 허용 범위란 허용치를 갖는 변수들의 여러 가지 조합을 말한다.

 세 번째는 여러 번의 대체와 배제 과정을 거치는 방법이다. 동일한 형태의 서로 다른 방정식에서 각각 다른 값으로 변화하는 방정식의 상수를 파라메트릭스(parametrics)라고 하는데, 이는 비행기의 날개를 설계할 때 허용치의 표준을 구하고자 하는 것과 같이 계산상의 대체를 보여주는 극명한 예이다.

 창작에서, 아이디어를 생성하기 위해 재료를 사용할 때는 허용 범위를 예상해야 하고, 그렇게 해야 적당한 매체를 사용할 수 있다. 예컨대 강철의 허용 범위는 목재보다 더 좁다. 아이디어에도 허용 범위가 존재한다. 실수의 폭에 있어서, 어떤 아이디어는 허용 범위가 좁고 어떤 아이디어는 허용 범위가 크다.

 내가 디자인한 나무그릇이 있는데, 그것은 오히려 허용 범위를 증폭시키고 칭송하는 디자인이다. 디자인의 사양은 간단하다. 바깥 면은 특정한 규격의 구체이다. 안 또는 내부 공간은 특정한 장축과 단축의 타원체이다. 구체의 중심과 타원체의 중심의 관계가 규정되고 명시된다. 그릇의 위 가장자리는 그 세 가지 사양의 결과, 혹은 타원체와 구체가 교차하는 곳이다. 이 그릇은 오스트리아 빈 출신의 목공 장인에 의해 한정판으로 만들어졌다. 내가 명시한 디자인의 사양에 따라 만들어진 그릇들 각각의 기하형태는 일정하지 않다. 목재를 돌려 깎는 과정에서 바깥의 구체와 안쪽의 타원체에 약간의 변화만 생겨도 모양새가 완전히

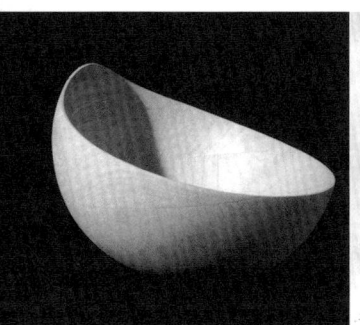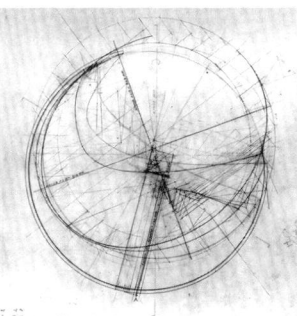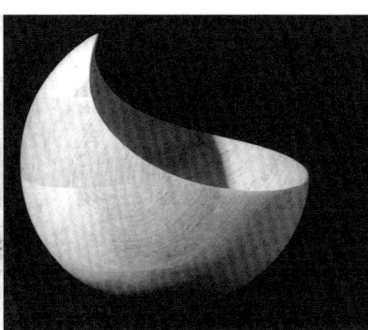

같은 사양으로 만들어진 두 개의 그릇.

달라진다. 이 두 형체 사이의 변화가 교차면에 변화를 일으켜 그릇의 균형에 영향을 미치는 것이다. 그 결과 만들어진 그릇은 모양새가 전부 다르다. 그릇은 기하형태의 허용 범위와 목재를 돌려 깎는 기술의 허용 범위를 나타낸다.

모으고 뒤쫓으면서, 창작 과정은 목적과 의도에 의해 힘을 갖게 된다. 베스트셀러 작가이자 강연자인 디팩 초프라(Deepak Chopra, 1947~)는 '성공을 부르는 영적인 법칙' 일곱 가지를 제시하면서, 그중 하나로 그 자신이 '의도와 욕망의 법칙'이라 명명한 것에 대해 이렇게 말한다.

> 모든 의도와 욕망에는 그 완성을 향한 역학이 내재되어 있다……
> 순수한 잠재성이라는 들판에서 의도와 욕망은 무한한 조직력을 갖고 있다.
> 우리가 순수한 잠재성이라는 이 비옥한 토양에 의도를 도입할 때 우리는 우리를 위해 일해 줄 이 무한한 조직력을 투입하는 것이다……
> 이 법칙은 에너지와 정보는 자연 어느 곳에나 존재한다는 사실에

기반을 둔다. 사실 양자장(quantum field)의 수준에서는 에너지와 정보 말고 다른 것은 없다. 양자장은 순수한 의식의 장(field) 또는 순수한 잠재성의 장에 대한 또 다른 명칭에 지나지 않는다. 이 양자장은 의도와 욕망에 영향을 받는다.[8]

폭풍우 자체가 뭔가를 모은 것이며, 또한 스스로 에너지를 모으면서 뒤쫓는 것이다. 이와 마찬가지로 창작 과정도 내가 명명한 '밀고 나아가기'라는 새로운 국면에 접어든다.

폭풍우의 중심에서 바라보기 5.

5
밀고 나아가기

　밀고 나아가기는 폭풍우의 한 속성이자 창작 과정의 한 속성이다. 폭풍우는 모으기를 통해 힘을 받고 뒤쫓기에 의해 방향을 잡는 자체적인 행위에 따라 앞으로 밀고 나아간다. 창작 과정을 앞으로 나아가게 하는 것은 모으기와 뒤쫓기, 그리고 진화하는 유기적인 언어, 즉 어떤 분야에서 사용된 시간만큼 긴 역사를 가진 언어의 행위이다. 작가의 언어는 단어다. 음악가의 언어는 소리와 음조, 음색이며, 종종 음표로 표현된다. 과학자는 종종 수학에서 가져온 방정식을 사용한다. 공학자는 구조라는 언어를 쓴다. 무용수는 동작의 언어로 '말한다.'
　언어는 각 분야마다 존재하는데, 거기에는 여러 층위 혹은 측면이 있다. 어떤 측면은 학습된다. 그런 측면은 기존 관행에 근거를 두고, 이를 통해 명확한 의사소통이 가능하다. 손을 써서 작업하는 사람들도 언어를 발달시킨다. 그 언어의 일부 측면은 훈련(예컨대 목공 수련생은 끌을 날카롭게 벼리는 방법을 배운다)에서 비롯한다. 한편 그것과 다르게 발달하는 측면이 있는데, 바로 자신이 하고 있는 작업을 더 명확히 할 목적으로 외부와의 의사소통에는 신경 쓰지 않고 혼자서 하는 내면화된 대화의 일부로서 개개인 각자가 만들어내는 언어가 그것이다.

나는 선생이자 비평가로서 창작 작업을 위해 조작된 언어의 암호를 읽고 해독할 필요가 있는데, 창작자가 작업을 하면서 나눈 이 같은 내면화된 대화조차 본질적으로 판독 가능하다는 사실에 놀라곤 한다.

신경학자인 프랭크 R. 윌슨은 레지던트 시절에 수술실 보조를 할 때 수술팀 사람들 사이에서 일어난 커뮤니케이션에 대한 이야기를 들려준다. 수술팀은 마취전문의를 포함하여 대여섯 명의 사람들로 구성되었고, 모두 긴 가운을 입고 마스크를 착용했다. 집도의는 자신의 호흡 때문에 수술 부위가 오염되지 않도록 진공관에 연결된 일종의 '변형된 스노클 장비'도 착용했다. 수술이 얼마나 오래 걸렸는지는 모르겠지만, 아마 여섯 시간에서 열 시간은 족히 걸렸을 것이다. 그 동안 집도의는 그런 장비를 착용한 채 같은 자리를 지켜야 했다.

이런 특수한 상황에도 불구하고, 기억을 더듬어보면 내 마음에 가장 뚜렷하게 남아 있는 것은 집도의가 수술을 진행하는 동안 말을 **한 마디도** 하지 않았다는 사실이었다. 그뿐 아니라 그는 다른 누구도 말하는 것을 허용하지 않았다. 잠시, 길고 어려운 수술이 진행되는 동안 당신 자신이 수술대 앞에서 보조로서 맡은 일을 해내야 한다고 상상해보라. 외과의가 뭘 하고 있는지는 어떻게 아는가? **자신**은 뭘 하면 되는지, 언제 하면 되는지는 어떻게 아는가? 이제 그게 어떻게 가능했는지 알려주겠다. 모두 집도의의 손을, 그가 수술기구로 뭘 하는지를 지켜보았다. 이들은 아무것도 모르는 천진한 관찰자들이 아니었다. 이들은 뇌 해부학과 수술 테크닉에 관한 전문적인 지식을 갖고 있었고, 종양을 제거하는 수술팀의 전략에 대해 철저히 파악하고 있었다. 이들은 집도의의 팔과 손목과 손과 손가락의 움직임에서 엿보이는 온갖 뉘앙스와 그 중요성을 대번에 파악했다. 이러한 특성 덕에 보조 의사들은 충분한 정보가 끊임없이 제공되나 말은 전혀 없는 **완전한 침묵의** 대화가 이어지는 가운데 동등한 입장에서 충분한 정보를 가진 참가자가 될 수 있었다. 그리고 그 대화는 환자의 이마에 수술용 칼을 댄 순간부터 많은 시간이 흘러 마지막 한 땀이 단단히 봉합된 그 순간까지 끝나지 않았다.

　이것은 어떤 언어인가? 나는 이 언어를 샌프란시스코판 정통 신경 수술 수화라고 부르고 싶다. 어느 누구도 이 언어를 만들어내지 않았고, 이 언어에 이름을 붙이지 않았다. 심지어 언어가 될 수 있다고 여기지도 않았다. 이 언어는 이 특정한 사회에서 어느 순간 나타나 수십 년에 걸쳐 퍼져나갔고, 이 특정한 시간에 이 특정한 팀에서 수련하는 레지던트들의 주된 수술실 언어가 된 것이다. 이 언어의 심층 구조, 즉 결합된 의미론과 문장론은 음성 언어와 수화를 아울러 지금껏 존재한 모든 인간 언어의 전형적인 형태이다. 또한 이 언어의 출현은 공유된 전문성에서, 협업 노동에서, 종합 지식 및 의도와 숙련된 동작의 결합에서, 그리고 이제 막 신경학 공부의 관례 속으로 진입하여 수술팀 사람들 사이에 교환되는 신호를 보며 자기만의 의미를 구축해가는 개개인 본연의 역량에서 자연스럽게 일어난 것으로 이해될 수 있다.[1]

　자기 분야의 언어에 능통해지거나 자기만의 언어를 개발하게 되면 그 언어의 로직을 자유롭게 다룰 수 있게 된다. 음악가는 화성 음계를 자유롭게 다루고, 과학자는 물리학 방정식을 전개할 때 대수학 법칙을 자유롭게 다룬다. 작가는 언어에서 파생된 문법 관행과 단어의 의미와

용법이 어떻게 변하는지를 자유롭게 다룬다. 의미에 대한 통제를 보류하고 언어의 패턴에 집중하면 가속도가 붙는다. 이는 시인이 시를 쓰면서 부드러운 소리의 세계를 자신이 고른 단어의 특정한 소리로 색칠하는 것과 같다. 원인과 결과의 어울림에 대해서나 그 과정이 어디로 흘러갈지(의도)에 대한 생각을 버리고 문제 해결(목적)의 부담을 덜어내면 더욱 가속도가 붙는다. 즉, 언어가 필연적으로 상징하는 것으로 작업하지 말고, 언어 그 자체로 작업하라는 말이다.

 폭풍우의 밀고 나아가는 활동이라 함은 대기 중 저기압의 순환을 말한다. 이를 저기압의 발달이라 부른다. 열대에서 뇌우(雷雨)의 무리가 형성되기 시작하여 서로 주변을 맴돌면 연쇄반응이 일어난다. 그렇게 되면 뇌우의 저기압성 활동 회전율이 증가한다. 바람이 거세지면서 뇌우는 더 맹렬해지고 더 크게 뭉치기 때문이다. 이 뇌우의 무리가 열대성 폭풍우가 된다. 물 분자들이 충돌하여 따뜻한 바다에서 상승하여 수증기가 되고, 상부의 차가운 공기와 부딪치면 응결하여 물방울이 된다. 열대성 폭풍우의 엔진이 응결된 물방울의 열에너지를 기계적인 풍력 에너지로 바꾸면서 폭풍우에 힘을 싣는다. 폭풍우의 바람이 대략 시속 70마일(112km)에 이르면 폭풍의 눈(eye of the storm)이 형성된다. 폭풍의 눈은 이른바 눈벽(eye wall)에 둘러싸인다. 눈벽은 열과 거센 바람이 만든 것으로 강력한 고리 모양을 하고 있다. 이제 허리케인이 밀려 나아간다.

 창작 과정에서 일어나는 언어의 유희에도 이런 가속도가 작용할 수 있는데, 언어는 원래 의도보다 더 많은 것을 담아낼 수 있기 때문이다. 언어에는 단어의 '기술적인' 의미 이상을 담아내는 많은 특성이 내포되어 있다. 음절은 소리의 단위이다. 시의 한 행이나 산문의 한 문장이 지속되는 시간은 호흡으로 측정되고, 따라서 호흡을 전달한다.

운율은 리드미컬한 호흡이다. 무용가의 동작을 이끌어내는 것은 안무의 기하학적 로직일 것이다. 건축가가 따르는 로직은 한 재료가 다른 재료와 어떻게 어울리는지부터 두 공간이 어떻게 교차하고 인접하고 거리를 두는지까지를 포괄한다.

언어로 지적인 유희를 하다 보면 원래 의도보다 더 많은 것이 담아져 아이디어들의 가속도가 붙는다. 창작 과정을 관찰해보면, 최종 결과물에 대한 고민 없이 언어의 로직과 자유롭게 유희하고 그에 따르는 것이 그 과정을 앞으로 밀고 나아간다. 언어의 지적인 유희가 당신을 어디로 데려가는지 꾸준히 살펴보는 것이 중요하다.

스위스 화가 클레의 말처럼 '드로잉이란 선을 산책시키는 것'[2]이다. 당신이 개를 산책시키는 것처럼 선도 당신을 산책시킬 수 있다.

언어를 가지고 자유롭게 유희하되 가끔은 "내가 뭘 한 거지?"와 같은 평가적인 확인을 거쳐 그 과정을 조절해야 한다.

통사론

모든 언어에는 통사론이 있다. 통사론이란 어떤 요소들(예컨대 어휘들)이 뭉쳐서 다른 구성요소(예컨대 구나 절)를 형성하는 것을 말한다. 예컨대 구조학(tectonics)은 건축학 언어에서의 통사론이다. 구조학은 어떤 요소들이 어떻게 뭉쳐야 할지를 통제한다. 구조학은 재료와 재료, 벽과 벽, 방과 방, 건물과 건물, 건물과 환경 등 모든 수준에서 만나는 지점 혹은 연결점이다. 구조학은 공적인 공간과 사적인 공간, 신성한 곳과 불경한 곳, 빛과 그늘, 안과 밖, 사각(死角)과 전망 등 서로 다른 조건들의 만남이다. 건축학이 관계를 확립한다면 구조학은 이 관계들의 통사론이라고 할 수 있다. 이는 건축가들이 표현하는 방식이자 우리가 생각과 건물을 합치는 방식이다.

구조학(tectonics)이라는 단어의 어원은 tekne(그리스어로 기술, 예술 등의 뜻)와 text(텍스트)로 우리를 안내한다. Tekne에서 나온 단어가 technique(기법)과 technology(기술)이다. Tekton(고대 그리스어로 목수, 집 짓는 사람을 가리키는 말)에서 tectonic(건축의, 구조상의)과 architect(건축가)라는 단어가 나온다. Textus의 동사형은 texere, 즉 '짜다'라는 뜻이고, 여기에서 text(텍스트), textile(텍스타일), context(맥락)가 나온다. 즉 짜인 내러티브라는 뜻이 되는 것이다. 이를 보면 구조학과 표현의 관계를 알 수 있다.

재료에도 언어와 마찬가지로 속성과 법칙이 있다. 재료는 예술가와 디자이너를 위한 언어이다. 재료는 아이디어를 발전시키기 위한 언어이다. 과정에서 사용된 재료가 최종 결과물에 사용된 재료와 같지 않을 수도 있다.

어떤 재료는 '말대꾸'를 한다. 재료에는 허용 범위란 것이 있고, 잘못 다뤄질 때는 재료가 불평을 한다. 당신이 재료와 나누는 대화는 예술가나 디자이너로서 당신이 처음에 가졌던 의도의 독백—즉 창작의 일부로서 당신과 당신이 나누는 대화, 아직 어떤 재료도 초대하지 않았을 때의 대화—을 붕괴시킨다. 당신이 재료에 대해 미리 세워놓은 계획이 있어도 그 재료가 당신의 계획에 반드시 동참하지는 않는다.

예술가는 그 재료를 **매체**(medium)라고 부른다. 사전에서는 그 단어를 가운데에 위치한 것, 뭔가에 영향력을 미치거나 뭔가를 전달하는 것으로 정의한다. 예술가에게 매체는 선입관과 밝혀진 아이디어 사이에 있는 것이다. 매체가 뭔가를 전송하는 것은 마치 강령회에서 '영매'가 하는 역할과 같다. 매체는 또한 방해를 한다. 가까이 있는 재료를 방해물로 삼는다는 것은 뭔가를 발견하기에 좋은 위치에 있다는 말과 같다. 이런 방법으로 이해된 매체는 발견에 대해 마음을 개방해준다.

언어라는 재료

앞에서 나는 음악가, 과학자, 공학자, 무용가가 사용하는 언어에 대해 말했다. 나 같은 건축가에게는 재료가 생성의 언어다. 이 언어도 다른 분야의 언어와 마찬가지다. 우리 건축가의 언어에는 재료가 공중에 매달아질 때, 구부려질 때, 접힐 때, 구겨질 때, 모아질 때, 회전할 때 만들어지는 재료의 기하형태 또는 형(形)이 존재한다. 기하형태나 형은 재료를 조작하는 행위와 힘에 의해 만들어진 결과이다.

현수곡선(catenary curve)이 내가 말하고 싶은 바를 보여주는 좋은 예이다. 전형적으로 케이블이나 체인이 그렇듯, 밀도가 균일하고 당겨도 늘어나지 않는 재료가 순수 긴장 상태에 놓일 때 현수곡선이 만들어진다. 그 곡선의 형태는 쌍곡코사인으로 알려진 함수의 그래프와 같다.

현수곡선은 우아한 형태를 하고 있는데, 이는 오로지 하나의 현수곡선만 있기 때문이다. 어떤 체인을 짧게 벌려 잡거나 길게 벌려 잡거나 간에 동일한 현수곡선이 만들어진다—만들어지는 것은 동일한 곡선이지만 그 규모와 활꼴은 다르다. 일정한 길이의 체인을 2피트만큼 벌려 잡았을 때나 3피트만큼 벌려 잡았을 때나 만들어지는 현수곡선은 동일하다. 그 차이라면, 3피트로 벌려 잡았을 때 만들어지는 곡선은 더 짧게 벌려 잡았을 때 더 가팔라 보이는 곡선이 확대된 것이라는 사실이다.

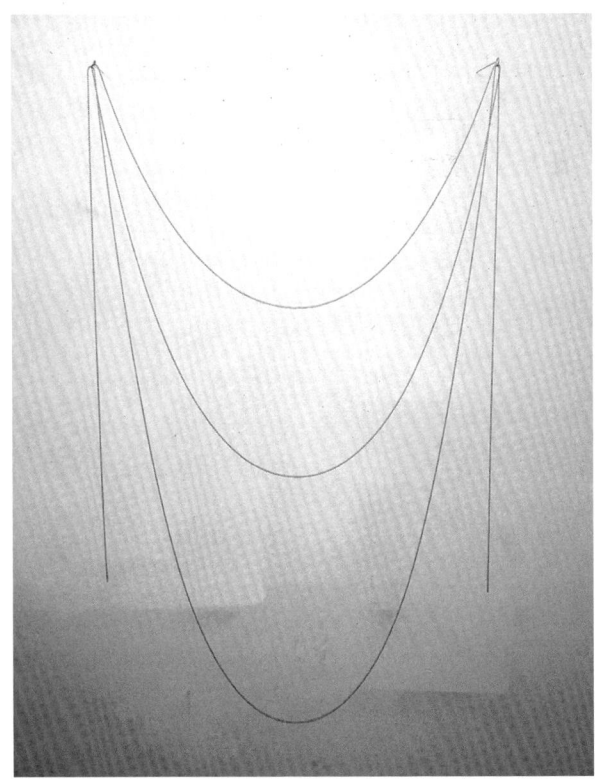

현수곡선.

가우디에 대해서는 2장에서 소개했고, 그의 작품은 3장에서 좀 더 다루었다. 가우디는 재료의 거동, 재료의 기하형태, 재료의 허용 범위, 재료의 유추를 활용했다. 그의 걸작인 사그라다 파밀리아는 전체 질서의 콘셉트를 잡는 것에서뿐 아니라 구조, 형태, 공간에 관한 아이디어를 생성하는 것에 이르기까지 합리적 재료 선택을 위한 이 모든 측면을 증명해 보인다.

가우디의 사그라다 파밀리아를 다시 떠올려 보자. 가우디는 이미 건설 중이던 고딕 양식 교회를 완성하는 일을 맡게 되었다. 이 건물은 다른 건축가의 지휘 하에 이미 시작된 것이었다. 고딕 시대는 건축사에서 놀라운 시대이다. 돌이 하늘로 치솟게 된 것이다. 3장에서 말했듯 돌은 제한이 아주 많은 재료이다. 돌은 압축을 잘 견딘다. 그러나 인장이나 전단은 잘 견디지 못한다. 따라서 돌 위에 돌을 올려놓을 수 있다. 돌은 기본적으로 쌓아 올릴 수 있는 것이다. 다시 말하지만 고딕 양식의 건축가들은 압력의 전달 경로―중력에 의해 하중이 땅으로 전달되는 벡터의 방향―를 따라 놓이는 돌은 높이 더 높이 쌓아져 더 위로 치솟을 수 있다는 사실을 알아냈다.

가우디는 고딕 건축물의 원리를 살펴보고 이를 좀 더 발전시켰다. 그는 설계의 바탕을 현수곡선에 두었다. 현수곡선은 순수 긴장 상태로 존재하는 것이다. 미주리 주 세인트루이스에 있는 유명한 게이트웨이 아치처럼 현수곡선을 단단하게 하여 뒤집으면 순수 압축 상태가 된다. 가우디는 오로지 매듭지은 밧줄과 추, 그리고 현수곡선을 이용하여 케이블 모형을 만들었다. 가우디는 먼저 마음속으로 이 모형을 뒤집어 만들어질 건축물을 눈앞에 그려보았다. 형태는 지성적이고, 구조적으로 논리적이며, 독창적이었다. 기둥의 축을 설계하고 그 위치를 정할 때 그는 현수곡선과 압력 경로를 엄격하게 지킴으로써 수평추력(아치형 구조물을 지지하는 부분이나 케이블의 고정 부분 등에서 외력에 반응하는 수평 방향의 힘으로, 구조적으로 처리가 되지 않을 경우에는 붕괴 위험이 생긴다. ―옮긴이)을 줄이고 많은 교회의 특징인 부벽의 필요성을 없앴다.

고딕 양식 건축물의 전형적인 형태인 높은 아치형 지붕으로 인해 생기는 어마어마한 수평추력에 대응하여 가우디는 아치형 부벽을

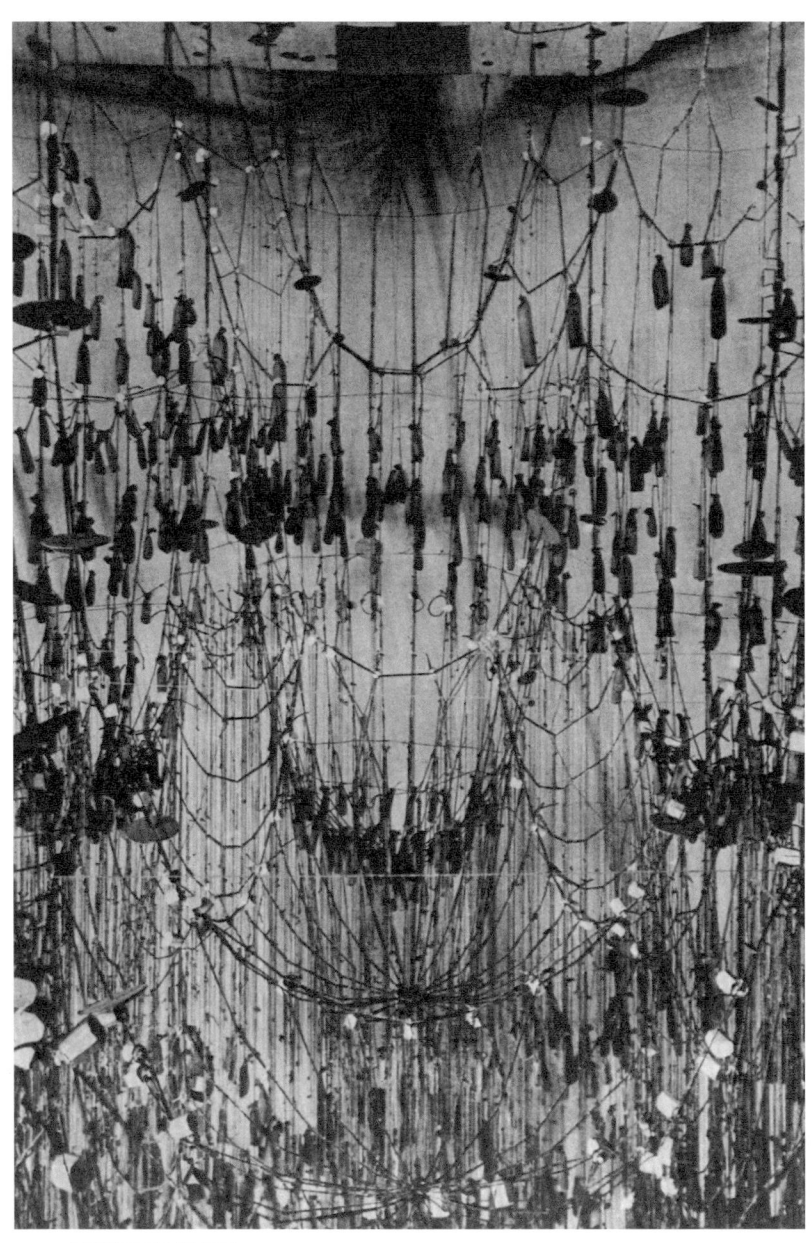
가우디의 케이블 모형.

이용했다. 가우디의 자립식 아치형 천장은 대부분의 고딕 양식 건축물과 높이가 맞먹거나 더 높았지만 부벽은 필요하지 않았는데, 수평추력이 최소화되면서 그 무게가 자립식 구조 그 자체의 선 위에 실렸기 때문이었다. 그는 교회 중앙 회당의 수평추력을 지탱할 수 있는 경사기둥을 만들어냈다. 기둥을 압력경로에 따라 기울임으로써 압력이 기둥의 하중에 의해 감쇠되어 부벽이 필요하지 않게 된 것이다. 이 기둥들은 늘어뜨려진 휘장 형태의 기하학적 로직에 따라 아름답게 표현되었다. 가우디가 이 기하형태를 만들 수 있었던 것은 천을 매달고 묶고 당기는 과정이 있었기 때문이다. 그가 발전시킨 기하형태는 새로운 것이었지만, 그 물결 모양은 고대 건축물 이후 줄곧 사용된 세로 줄무늬 기둥을 인용한 것이다.

    가우디의 케이블 모형을 구조, 공간 구성, 기하형태, 건축 계획을 종합한 것으로만 볼 수는 없다. 가우디는 또한 영적인 사람이었다. 그가 이 케이블 모형을 만든 것은 영적인 비유를 보여주기 위해서였다. 이 모형에서 현수곡선의 형태를 만드는 중력을 개념적으로 반전시킴으로써 교회를 이루는 돌의 형태가 결정되었다. 본질적으로 그는 중력을 이용하여 자신의 아이디어를 스케치하고, 이를 반전시킴으로써 교회로 형상화되는 천국의 힘을 나타내고자 했던 것이다.

지각과 구상을 향해 나아가기

　폭풍우와 마찬가지로 창작 과정에서 이렇게 밀고 나아가다보면 어딘가에 다다르게 된다. 그러는 중에 새로운 국면에 접어들게 되는데, 이제는 추상적인 것에서 구체적인 것으로 (구체적인 작업에서 다시 그것의 추상화 작업으로) 이동하고, 더 나아가 앞서 말한 목표와 이상을 나타내는 뭔가 실재하는 것을 만들어내게 된다. 이는 직선적인 과정이 아니라 순환적인 과정이다. 그렇게 가다 보면 앞서 말한 단계들로 다시 이동하여 더 많은 재료를 모을 것이고 뒤쫓기를 통해 더 가속도가 붙을 것이다.

　6장에서는 지각에 대해 말할 것이다. 지각은 구상으로 이어져 창작 과정을 더욱 힘 있게 밀고 나아가도록 할 것이다. 미국의 모더니스트 시인인 찰스 올슨은 이 일이 어떻게 일어나는지를 다음과 같이 파악하고, 자신의 선언문인 〈투사시〉(Projective Verse)에서 '그 뭔가의 과정, 원리가 어떻게 만들어져야 에너지를 형성하여 형태가 완성될 수 있는지'에 대해 이렇게 말했다. "나는 그것을 한 문장으로 줄여 말할 수 있다고 생각한다(내 머릿속에 그 생각을 맨 처음 심어준 사람이 소설가 에드워드 달버그이다). '하나의 지각은 다음의 지각으로 곧장 나아가야 한다.'"[3]

　폭풍우가 밀고 나아가듯 당신도 이제 지각하기와 구상하기의 과정으로 밀고 나아가야 한다.

폭풍우의 중심에서 바라보기 6.

6
지각하기와 구상하기

　감지(sensibility)란 지각의 문턱에 걸쳐 있으면서 친밀감을 일으키는 지식을 말한다. 감지에는 단순 업무를 어떻게 처리할 것인지에서부터 자신이 관찰한 바를 더 넓은 세계라는 맥락의 어디에 둘 것인지에 이르기까지 모든 것이 포함된다. 하지만 감지가 근거를 두는 것은 몸으로 느껴지는 무엇, 몸으로 받아들이는 지식이다. 감지가 감각 기관을 통해 정보를 받아들이는 것에만 한정되지는 않는다. 감지는 받아들인 정보를 이용하여 개념을 형성하는 것과도 관련이 있는데, 그 개념이 당신을 세계와 관련된 어떤 곳에 위치시킨다. 감지는 창작 과정의 한 요소이다.
　내가 어린 시절에 경험한 감지의 순간이 아직 기억난다. 자물쇠에 열쇠를 밀어 넣었는데 열쇠가 꼼짝을 하지 않았다. 필사적으로 돌렸지만 끄떡도 하지 않았다. 돌리고 또 돌려도 열리지 않았다. 열쇠가 자물쇠 안에서 휜 것 같았다.
　하지만 그 순간에는 정말로 안에서 휘었는지 알 방법이 없었다. 열쇠는 그저 움직이지 않았고, 눈으로 확인할 방법은 전혀 없었다. 하지만 금속이 휘어가는 부드럽고 느린 움직임이 점점 강하게 느껴졌다.
　이 일이 내게 전환점이 되었다. 뭔가 느끼지만 어떻게 느낄 수 있는지는 잘 모르는 상태. 내가 느낀 것이 실제였는지 아니었는지도 잘 모르는 상태. 내 지각을 의심한다. 나는 열쇠를 한 번 더 돌렸고, 열쇠는 자물쇠 안에서 부러졌다. 그 일이 내가 감지에 대해 배운 최초의 의식적인 경험이었다.

지각은 창작 과정에서 모으고 뒤쫓는 일이 계속되고 그것이 효과와 목적 면에서 더 분명해질 때 일어나는 것이다. 감각을 통한 모으기는 지각을 키우고, 그렇게 함으로써 감지력이 향상된다. 그것이 특유의 관점, 즉 당신의 관점이되 더 보편적인 관점과 연결될 수 있는 앎의 한 방법을 만들어낸다.

"감각에 집중하라"

폭풍우를 다른 수준, 다른 관점에서 보면 상황이 다르게 보인다. 중간 규모 열대성 폭풍우의 관점에서 보면 저기압의 발달이 보인다. 저기압이 생성되고 그 세력이 커지면 강우띠, 폭풍의 눈, 눈벽을 갖춘 폭풍우가 된다. 그리고 그들의 경계에 의해 규정되는 뚜렷한 특징들이 존재한다.

그러나 물 분자의 관점에서 폭풍우 내부에서 벌어지는 일을 보면 다른 것이 보일 것이다. 물 분자가 거치는 여정은 확장과 전환을 동반한다. 물 분자는 대양을 떠나 대기와 만나고, 온도가 높아졌다 낮아지고, 무수한 충돌을 경험하고, 저기압에 합류되어 위로 올라갔다 비가 되어 내려온다. 폭풍우를 부분부분 갈라놓는다고 해도, 그 부분들 사이의 선은 선명하게 나뉘는 것이 아니고 그 사이에 끊임없는 유동성이 존재한다. 수증기는 물이 되고, 이어 물은 수증기가 된다. 하지만 그 속도가 아주 일정해서 거시적으로 보면 각 부분은 안정적이다.

물 분자의 수준에서 보는 폭풍우는 감지를 통한 관점의 흐름과 유사하다. 우리의 지각은 외부와 내부로 확장되면서 세상을 파악하는 범위를 넓힌다. 우리는 다른 조건들과 만나 그 조건들을 경험하고 그 내부를 통과한다. 그 조건들이 우리를 변형시킨다.

1940년에 발표된 반전체주의 소설 «정오의 어둠»(Darkness at Noon)으로 잘 알려진 헝가리계 영국인 작가 아서 케스틀러(Arthur Koestler)는 과학의 패러다임을 바꾸고 문화의 폭을 넓히는 창의성에 대한 저작 또한 많이 남겼다. 그는 지각의 세계를 '수중 세계'에 비유하면서 지각과 물에 대해서도 이와 비슷한 은유적 연관성을 지었다—그는 "유기체는 소리, 형태, 냄새의 유동적 환경에 잠긴다."라고 말했다. 그는 개념화된 사고를 '대기처럼 건조하고 고갈되지 않는 것'으로 기술했고, "언어 이전 수준에서 순수 지각적인 관념의 최고 형태는 수중 생물이 바다에서 내보내는 공기거품과 같다."라고 진술했다.[1] 내가 감지라고 부르는 것이 바로 이것, 즉 지각을 통해 추출된 개념화된 사고이다.

더 설명해보겠다. 열쇠가 자물쇠 안에서 빠져나오지 않은 일이 일어난 뒤 여러 해가 지났을 때였다. 그때 나는 뉴욕 쿠퍼유니언대학교의 건축학과 학생이었는데, 맥스 하이더라는 수리공이 내게 띠톱과 전동공구 쓰는 법을 가르쳐주고 있었다. 여기에는 자재를 자르는 데 사용되는 절단대도 필요했다. 자재를 아래쪽 방향으로 미끄러지는 칼날에 집어넣는다. 이 동작은 재봉틀 사용과 다르지 않다. 일반적으로는 자재의 절단할 위치에 선을 그어 놓는다. 또한 대체로 어느 쪽을 남겨서 사용하고 어느 쪽을 버릴지도 알고 있다.

"선을 비껴갔다는 생각이 들면, 비껴간 거예요." 하이더의 가르침은 이것이 핵심이었다.

나는 난생처음 자재를 자르기 시작했고, 아니나 다를까 선이 비껴간 것을 눈으로 확인할 수는 없었지만 느낄 수는 있었다. 계속 미심쩍어 하면서도 자르기를 멈추지 않았고, 선은 더 비껴가기만 했다. 그런 일이 또 일어났을 때에는 내 감을 믿고 자르던 걸 멈추었다.

눈으로 확인하기 전에 '선을 비껴갔음'을 감지하는 것은 지각이 알려주어 인식에 이르고 그것이 다시 감지로 이어짐을 보여주는 아주 좋은 예이다.

또 하나의 예를 살펴보자. 야구장 관중석에 앉아 본 적이 있다면 아마 뜬공을 잡으려고 달려가는 외야수들을 봤을 것이다. 당신이 앉은 위치에서는 외야수들의 이동이 잘 이해되지 않을 수 있다. 뒤로 달렸다가 다시 앞으로 달리고, 왼쪽으로 갔다가 다시 오른쪽으로 가고, 속도를 높였다가 뛰던 것을 멈춘다. 자신이 밟았던 땅을 다시 밟기도 한다. 그들의 움직임은 종잡을 수가 없다. 만약 그 행동을 미리 구상해본다면 아주 복잡할 것이다. 그러나 외야수의 머리 위에 고프로(액션 카메라의 대표 브랜드.—옮긴이) 카메라를 장착하여 그들의 이동을 살펴보면 놀랍도록 우아한 동작이 포착될 것이다.

네덜란드의 과학자 두 사람은 외야수들이 뜬공을 잡으려고 달려갈 위치를 정하는 것을 시각적 변속도 소멸(optical acceleration cancellation) 이론으로 설명했다.[2] '공의 운동면에 선 외야수'를 설명해줄 수 있는 이론을 찾던 이 과학자들은 시각적 변속도 소멸 이론이 이 현상을 설명할 유일한 이론이라고 결론 내렸다. (시각적 변속도 소멸 이론은 다른 연구자들에 의해 축구 선수가 공을 헤딩하는 것을 설명하는 데에도 이용되었다.) 네덜란드의 과학자들이 기본적으로 주장하는 것은 이것이다. 공이 배트에 맞으면 속도를 내며 빙글빙글 높이 떠서 아치형을 그리며 날아가다 저항력과 중력이 더 커지는 순간부터 속도가 떨어지고 마침내 방향을 바꾼다. 선수들은 공이 자신을 향해 일정한 속도로 일직선으로 날아오는 것 같아 보이는 지점에 자리를 잡는다. 이와 동시에 경기장에서 자기가 있는 위치에 따라 이동한다. 관중석에서 볼 때는 그들이 어느 방향으로 이동할지 모른다. 그들의 목표는 오로지 매순간 그들 자신의 관점에서 공이 일정한 속도로 자신을 향해 일직선으로 날아오는 것처럼 보이게 하는 것이다.

    시각적 변속도 소멸 이론과 외야수들의 이동은 자신이 보는 관점은 다른 어느 누구의 관점과도 같지 않은 고유하고 독자적인 것임을 보여주는 간단한 예이다. 이 예는 외야수들의 감지력을 보여준다. 우리 각자에게도 우리만의 감지력이 있다. 창작에서 감지력은 지각과 구상을 연결해주는 다리 역할을 한다.

    감지는 예술가에게는 익숙한 것이며, 그것에는 지각과 개념 사이를 왕복하는 과정이 포함된다. 실물을 보고 그림을 그린다면, 보고 느끼는 것과 이를 그림이라는 형태로 개념화하는 것 사이에서 끊임없이 왕복하게 될 것이다. 예컨대 과일이 담긴 그릇을 그린다고 상상해보자. 당신의 시선은 그릇 위쪽 가장자리의 곡선에 닿아 있다. 당신의 손이 움직이기 시작할 텐데, 시선이 3차원의 원호를 따라갈 때 손은 그릇 위쪽 가장자리의 곡선을 그리고 있을 것이다. 이때 당신은 느끼는 것과 보는 것을 동시에 한다. 그 두 가지 감각이 연결되어 있다. 어쩌면 그 감각은 단순히 둥글다는 생각에서 시작되었겠지만 나중에는 뭔가 다른 것이 될 것이다. 개념화는 관찰하고 그리는 과정에서 일어난다.

    실제로 그릇 가장자리는 원형이지만 당신이 바라보는 면에 따라 상대적으로 기울어 보여 타원형으로 지각된다. 이와 같은 원근법의 개념을 안다는 사실은 그리는 손의 움직임에 영향력을 미친다. 모든 것이 느껴지고 보이는 공간의 매트릭스 안으로, 그리고 이 세상에서의 개념적인 위치 안으로 들어가 갇힌다. 그릇 위쪽 가장자리의 원호를 그린다면, 그리는 동작을 느끼고 그 동작과 그릇 가장자리의 모양을 비교하고, 그려지고 있는 것을 개념화하는 과정을 거친다. 지각과 개념의 층위들은 당신이 무엇을 추가하고 무엇을 바꾸고 무엇을 삭제하고 무엇이 적절한지를 알 때까지, 당신의 그림이 만들어낸 세상의 관점에 당신 자신이 만족할 때까지 반향을 이끌어낼 것이다.

나는 이와 비슷한 방식으로 진행되는 와인 시음회에 참가하여 지각적인 것에서 개념적인 것으로 옮겨가는 과정을 경험한 적이 있다. 먼저 우리는 코르크 마개를 따지 않은 와인을 몇 병 건네받았다. 어떤 와인인지 알 수 없게 라벨이 가려진 것이었다. 우리는 각 병을 한 모금씩 마신 뒤 어떤 맛이었는지를 소리나 말로 표현해야 했다. 그러고 나면 와인 전문가 질문을 던지는데, 그 질문이 우리가 조심스레 맛보고 냄새 맡고 바라본 것에 대해 더욱 궁금증을 끌어내는 방법이다. 예컨대 누군가가 와인이 '더스티(dusty)'하다고 말하면 전문가는 "지하실이나 다락처럼 더스티한가요?" 하고 묻는다.

우리의 표현이 충분히 적확해졌다고 생각되면 와인 전문가는 포도의 재배지에 대한 풍토를 알려주어 우리의 느낌을 입증한다. 이탈리아 움브리아 지방의 북쪽 언덕에서 수확했다거나, 서늘한 간접 광선을 받으며 재배되었다거나, 언덕 중턱의 토양은 물이 잘 빠지고 돌이 많고 미네랄이 풍부하다거나 그런 이야기를 해주는 것이다. 전문가가 설명하기로는 이런 요소들이 발효 과정에서 상호작용하여 화학물질과 재료의 미묘한 차이를 만든다. 그리고 그 때문에 우리는 미각이나 입 안의 느낌, 냄새를 통해 그 차이를 구분할 수 있는 것이다.

와인 전문가는 우리를 현상에서 실체(1장에서 다루었다)로, 와인 한 잔에서 문화와 장소로 이동시켜, 우리의 감지력이 안내하는 멋진 여행을 선사한다. 전문가의 피드백은 여느 창작에서와 마찬가지로 우리가 지각을 이용하여 개념화를 향해 더 나아갈 수 있도록 해준다.

캐나다 앨버타 주의 에드먼턴에서 태어난 마이클 그랩은 현재 미국 콜로라도 주 볼더에서 작품 활동을 하는 화가이다. 그는 균형을 잡아 돌을 쌓아 올리는 록밸런싱 아트(rock-balancing art)를 거의 10년 동안 해오고 있다. 하나의 작품이 완성되기까지 그가 의지하는 것은 자신의 감지력이다. 그랩은 아슬아슬하게 균형을 잡아가며 돌을 하나씩 쌓아올린다. 그가 자신의 작업 과정에 대해 기술한 내용을 보면, 그 과정에는 평형을 이루는 힘을 분해한 벡터들의 개념화뿐 아니라 자신이 보고 느끼고 듣는 것(지각)도 포함된다.

균형을 잡으려면 최소한 세 곳의 접촉점이 필요하다. 다행히 모든 돌에는 '자연 삼각대' 역할을 하는 크고 작은 홈이 가득해서 다른 돌과 함께 수직으로, 혹은 생각할 수 있는 거의 모든 방향으로 세울 수 있다. 돌들의 진동에 주의를 기울이면 홈들이 서로 맞물릴 때 나는 미세한 '클릭'을 느끼게 될 것이다. 가장 미세한 '접촉점-균형'에서는 그 클릭이 밀리미터보다 더 작은 단위로 느껴질 것이다. 드문 경우기는 해도 그것이 탐지되지 않은 채 작업이 진행되기도 하는데, 그럴 때에는 직감과 경험이 매우 유용하다. 어떤 접촉점-균형은 무중력의 환시마저 일으켜, 돌들이 서로 거의 닿지도 않은 것처럼 보일 것이다. 하지만 유심히 들여다보면 맞물린 곳이 미세하기는 해도 보이기는 할 것이다.

그 작업에서 삼각점을 찾아내는 것이 물리적 요소라면, 가장 근본적인 비물리적 요소는 명상에 비유될 수 있다. 자기 안에서 영점(zero point) 혹은 침묵을 찾는 것이 명상이기 때문이다. 경우에 따라 균형을 잡는 일이 합리적인 정신이나 인내심에는 상당한 압력이 될 수 있다. 가장 힘든 도전은 마음속에 일어나는 의심을 극복하는 것이다. 즉, 불가능해 보이는 일이 가능할지도 모른다고 생각하는 것이 바로 도전이다. 가끔은 가장 미세한 '삼각점' 혹은 균형점이 느껴지지 않기도 하는데, 그럴 때에는 속도를 늦추고 돌들이 맞물리는 진동이 느껴지는 시점에 이를 때까지 충분한 시간을 들여야 한다.[3]

그랩의 웹사이트에 가보면 그의 작품이 만들어지는 과정을 그의 머리 위에 장착된 비디오카메라의 관점에서 볼 수 있다.(http://www.gravityglue.com, https://www.youtube.com/watch?v=-wYpV3MNT28), 니콜라스 에반스–카토(Nicholas Evans–Cato, 1973~)는 화가이자 나의 동료 교수로 RISD에서 기초 과목을 가르친다. 예루살렘에 가서 학생들을 가르치던 시기에 그는 나무를 그렸다. 그 그림을 그린 다음날 그는 폭발이 일어나는 장면을 목격했고, 그 순간 나무도 하나의 폭발임을 깨닫게 되었다. 나무의 폭발은 그날 그가 본 것보다 훨씬 더 오랜 기간에 걸쳐 일어난다. 나무의 폭발이 우리 눈에 보이지 않는 것은 그 진행 과정이 눈으로 관찰할 수 있는 시간의 틀을 벗어나기 때문이다. 그 과정이 드러나는 것은 오랜 시간의 경과를 보여주는 사진술로나 가능하다.

니콜라스 에반스-카토의 그림.

나무와 폭발.

　에반스 카토는 폭발의 기하형태에 대해 탐구한 뒤 나무를 그리는 작업으로 되돌아갔다. 이제 그의 관점은 달라져 있었다. 전체는 단일한 관점만으로 형성되거나 보이는 것이 아니다.

의학에서의 예

4장에서 소개한 내 좋은 친구 프랭크 윌슨에게 나는 창의성의 요소들인 지각과 구상에 대해 물어보았다. 그의 일도 창의성을 필요로 하기에, 그에게 이 요소들이 친숙한 것인지 물어본 것이다. 신경과 전문의인 프랭크는, 감지력은 사실상 의학에서의 진단 기술과 연결되며 이는 느낌(지각)과 개념화를 반복하는 과정이라고 대답했다.

내 질문에 프랭크는 '응급실에서 일하던 기억을 홍수'처럼 떠올렸다. "응급실에서는 심각한 증상이 갑작스레 나타난 사람들에 대한 결정을 내리게 됩니다. 어떻게 올바른 결정을 내릴 수 있는 걸까요? 무슨 '냄새'를 맡고 왜 그렇게 하는 걸까요?" 그는 이렇게 질문했다.

프랭크는 말을 이었다. "의학은 늘 우리가 어떻게 지각하는지, 주어진 상황이나 장면에서 왜 다른 측면이 아닌 이 측면을 선택하는지에 대한 암시로 가득한 이야기의 풍부한 보고인 것 같습니다." 그러고는 이어, 어느 사건에 대한 상세한 이야기를 써 보냈다.

> 내가 [이 환자를] 본 것은 응급실에서 일할 때였습니다. 내가 이 이야기를 좋아하는 이유는 서로 배경이 아주 다르고 (공식적인) 업무가 겹치지 않는 두 관찰자가 이 환자를 보자마자 똑같은 결론을 내렸기 때문입니다.
>
> 그 환자는 젊었고, 누가 봐도 건장한 남자였어요. 우리 응급실로 온 건 새벽 세 시경이었고, 호소하는 증상은 요통이었습니다. 그날 새벽 두 시쯤에는 응급실 환자가 많지 않아서 혼자 당직을 서던 나는 의사 휴게실의 카우치에 누워 휴식을 취하고 있었어요. 곤히 자는데

간호사가 문을 두드리며 나를 불렀어요. "윌슨 선생님, 환자예요."

　나는 몸을 굴려 카우치에서 내려와 평소처럼 "정신 차려, 정신 차려." 하고 중얼거리며 검사실로 걸어 들어갔어요. 그리고 환자와 대화를 시작했습니다. 그는 자기가 가스회사의 검침원인데, 그날 오후 어느 집으로 걸어가다 비틀비틀 넘어졌다고 했어요. 하지만 다쳤다는 생각을 하지 못한 채 끝까지 일을 마쳤다는 겁니다. 그런데 자다가 너무 아파 소스라치게 놀라며 잠을 깼고, 검사를 받으러 오게 됐다는 거였어요. 나는 잠이 덜 깬 채 형식적인 기본 검사들을 의무적으로 해나갔어요. 자세를 이렇게 취해 보라, 다리를 움직여 보라, 그런 것들 말입니다. 반사 검사도 했어요. 그러고는 여전히 졸린 채로 특별한 이유 없이 청진기를 꺼내 그의 가슴팍에 갖다 댔습니다. 한쪽은 모든 것이 정상이었는데, 다른 쪽에서는 아무 소리도 들리지 않더군요…… 폐로 들어가고 폐에서 나오는 공기의 이동이 없었어요. 정신이 번쩍 들더군요!

　나는 이게 꿈이 아니란 걸 확인하려고 다시 검사를 했고 밖으로 뛰쳐나갔습니다. 밖에서는 간호사와 접수원이 이야기를 나누며 내가 어떤 말을 할지 기다리고 있더군요. 나는 그 젊은 환자의 폐가 허탈 상태(기흉)여서 (병원이 아닌 곳에서) 대기 중인 외과의와 상의를 해야 한다고 말했어요.

　내가 간호사와 접수원에게서 어떤 반응을 기대했었는지는 모르겠지만(두 사람이 같이 야간 근무를 한 지 적어도 10년은 됐어요), 접수원은 웃음을 터뜨리며 하이파이브를 하듯 친구인 간호사의 등을 찰싹 때렸어요.

　"맞지? 내가 그럴 거라고 했지?" 접수원이 말했습니다.

나는 믿기지 않는 눈빛으로 그녀를 쳐다보았어요. 그녀는 공식적인 의학 교육을 받아본 적이 없는, 오십줄에 들어선 사랑스럽지만 깐깐한 여자였습니다. 그러나 응급실 근무를 오래 하다 보니 돌아가는 상황에 훤했고, 자신도 응급실의 일부로 느끼는 것 같았어요. 내가 그녀를 돌아보며 물었어요. "도디, 이 환자가 기흉인 걸 알고 있었어요? 어떻게요?!!"

그녀는 수줍은 듯 웃으며 말했어요. "걸음걸이를 보면 알아요. 기흉 환자들은 그렇게 걷거든요."

그 일이 있은 뒤 오랫동안 내가 그때 그 환자의 폐에서 나는 소리를 들어보려고 했던 이유를 생각해보았지만 끝내 알아내지 못했습니다. 뭔가가 나를 떠밀었던 거죠.

접수원은 진단의 책임은 전혀 없는 사람이에요. 실수를 하더라도 자신만 아는 실수가 되죠. 의사는 그렇지 않습니다.

그 사건이 일어난 건 내가 응급실 근무를 하던 3년 중 초기였어요. ……그리고 이 일은 내게 아주 큰 교훈을 남겼어요. 응급실 근무자들은 누구 할 것 없이 자신이 보고 듣는 모든 것에 주파수를 맞추게 된다는 거였습니다. 고기잡이배를 타는 사람들도 자신들의 직접적인 관심사가 아닌 종합적인 환경에 주파수를 맞출 거라고 나는 생각해요. 그 일이 있은 뒤에 나는 남은 임기(2년) 동안 응급실 상황을 지켜보다가 누구든 놓친 게 있다고 생각되면 구두로 이야기하는 것을 공식 규정으로 만들었습니다.

임기가 끝나가던 무렵 새로 근무하게 된 응급실 의사가 나를 찾아와 불평을 늘어놓았어요. 간호사가 자기 허락도 없이 가슴 통증이 있는 새 환자에게 심전도 검사를 했다면서요. 내가 그의 눈을 똑바로 쳐다보며 이렇게 말했던 게 기억납니다. "아주 간단히 말씀드릴게요. 여기 간호사들은 자신들이 뭘 하는지를 알아요. 간호사들이 헤아릴 수 없을 만큼 많은 순간에 선생님의 수고를 덜어줄 거예요. 내 충고는 겸손한 마음으로 간호사들이 걸어 다니는 땅에 입을 맞추라는 겁니다." [4]

프랭크가 새로 근무하게 된 응급실 의사에게 충고한 내용은 고인이 된 고든 피어스(Gordon Peers, 1909−1988)의 말을 상기시킨다. 고든 피어스는 RISD의 교수이자 RISD 유러피언 아너스 프로그램(European Honors Program)의 책임 비평가였다.

감지력−진실을 받아들이는 마음의 수용력, 준비된 식별력으로 정의할 수 있다−은 예술가가 이용할 수 있는 아마도 가장 중요한 인간 특성 중 하나일 것이다. 감지력이 없는 예술가는 숙련되고 권위적이며 절충적일 수 있지만 진실로 창의적이지는 않다. 어떤 행위의 창의성을 입증하는 것은 여태 발견되지 않은 진실을 식별할 수 있는 능력이기 때문이다.[5]

반대로 보기

개념화는 당신이 사물을 지각하는 방식을 오염시킬 수 있다. 선입관이 그렇듯, 개념화가 지각을 앞설 때 특히 그런 일이 일어난다. 프랑스의 시인이자 철학자인 폴 발레리(Paul Valéry, 1871-1945)의 아포리즘으로 흔히 알려진 "본다는 것은 눈으로 보는 사물의 이름을 잊어버리는 것이다."라는 말이 전달하려는 바가 바로 그것이다. 초상화를 그릴 때 '눈', '코', '입'부터 시작하면 각각이 눈, 코, 입이 된다는 것을 알고 그리지만, 이목구비가 끝나는 곳과 뺨의 윤곽, 음영, 연속성이 시작되는 곳 사이의 고유하고 독자적인 윤곽, 음영, 연속성은 볼 수 없다. 이목구비가 어떻게 보이는지에 대해 알고 있는 우리의 지식이 우리가 보는 것을 제한하는 것이다.

드로잉 연습을 통해서도 입증할 수 있겠지만, 선입관이 지각에 미치는 영향력을 알기 위해서는 널리 알려진 다음의 인지력 테스트가 가장 좋은 방법으로 생각된다. 대니얼 사이먼스와 크리스토퍼 채브리스가 제작한 '선택적 주의력 테스트(selective attention test)'를 해보자. (http://www.youtube.com/watch?v=vJG698U2Mvo) 테스트에 대해 미리 말하면 검사 자체를 망치게 되니 먼저 동영상을 본 뒤에 이 책을 계속 읽어 달라.

다음은 이 테스트를 만든 두 사람이 자신들의 책에서 그 주제에 대해 설명한 내용이다.

우리 마음은 우리 생각대로 움직이지 않는다. 우리는 자신과 세상을 있는 그대로 본다고 생각하지만 실제로는 아주 많은 것을 놓치고 있다.

[이 착시현상은] 우리의 **직관**이 우리를 속이는 많은 방법을 폭로하는데, 이는 인간의 결함들을 모은 카탈로그 이상이다. 또한 우리 책에는 사람들이 이런 일상의 착시현상에 굴복하는 이유와 그 영향력을 물리칠 예방주사는 어떻게 맞을 수 있는지가 설명되어 있다. 간단히 말해서 우리는 당신의 마음 안에 '엑스레이 같은 시력'을 심어주려고 하며, 우리의 궁극적인 목표는 당신이 자신의 삶에서 보이지 않는 고릴라를 볼 수 있도록 당신을 돕는 것이다.[6]

나는 이 테스트가 개념화와 지각 사이에 일어나는 작용을 보여준다고 생각하지만, 직관이 이를 설명하는 적확한 단어라고 생각하지는 않는다. 테스트를 하면서 당신은 하나의 측면에 선택적인 주의를 기울여 달라는 요청을 받는다. 이 경우 선입관이 작용하여 당신이 지각할 것을 선택하도록 한다. 그 측면에 선택적인 주의를 기울여 달라는 요청을 받지 않았다면 아마도 당신은 고릴라를 보았을 것이다. 이 테스트를 시작할 때 제시된 요구가 당신의 직관을 파괴한 것이다.

발견과 발명의 뿌리

지각과 구상은 발견과 발명의 이면에 작용하는 근본 과정으로 이해할 수 있다. 발견과 발명은 사실상 창의성과 같은 것이다. 정말로 좋은 관찰을 하면-선입관이나 판단이 지각을 가로막지 않으면-뭔가를 발견하게 된다. 윌리엄 제임스(William James, 1842-1910)는 이렇게 말했다. "새로운 발견이 가능한 넓은 벌판은 '분류되지 않고 남아 있는 것들'이다. 어떤 과학이건 승인되고 잘 정리된 사실 주변에는 '예외적인 관찰'이라는 먼지구름, 즉 미세하고 불규칙적이며 좀처럼 마주칠 기회가 없어서 주의를 기울이기보다는 무시해버리기가 더 쉬운 사건들의 먼지구름이 늘 떠다닌다."[7] 사람들은 미국의 철학자이자 심리학자인 윌리엄 제임스를 19세기의 가장 영향력 있는 사상가 중 한 사람으로 꼽는다.

케스틀러는 이미 존재하는 다양한 범주들을 집중적이면서도 자유롭게 관찰하는 사람의 표본으로 셜록 홈즈를 제시한다.

> 셜록 홈즈의 천재성은 작은 단서에 관심을 돌릴 때 드러나는데, 어리석은 왓슨은 너무 명백해서 관련이 없다고 쉽게 무시해버리는 그런 단서다. 그 정신과 의사는 일상적인 말, 언뜻 관련성 없이 흘러가는 연상들에서 단서를 얻는다. 그는 환자의 의미 있는 말이 아니라 의미 없는 말실수에 주의를 돌리고 환자의 합리적인 경험이 아니라 비합리적인 꿈에 주의를 돌리는 법을 습득한 것이다.[8]

발견과 발명은 과학, 수학, 예술 할 것 없이 모든 분야에서 나타나는 창의적인 성과다. 발견이 끝나고 발명이 시작되는 곳에는 가는 선이 존재한다. 이 장에서 다룬 지각과 구상이 서로를 오가는 것-그 예로 실물을 보고 그림을 그리는 것, 그리고 의학적 진단을 내리는 것을 들었다-처럼 발견과 발명도 이와 같은 방식으로, 그리고 같은 이유로 서로를 오간다. 그러면서 서로가 서로를 키우고 더 분명하게 만든다. 프랑스의 수학자 자크 아다마르(Jacques Hadamard, 1865-1963) 또한 창의성에 관한 글을 썼는데, 그는 그 글에서 기압계와 피뢰침을 예로 들어 발견과 발명 사이의 가는 선에 대한 자신의 생각을 밝힌다.

> [에반젤리스타] 토리첼리는 수은이 담긴 통에 한쪽 끝이 막힌 관을 막힌 쪽이 위로 가게 꽂아 넣으면 수은이 일정한 높이로 올라가는 것을 관찰했다. 이것은 발견이다. 하지만 그는 그 과정에서 기압계를 발명했다. 발견이 곧 발명이 되는 과학적 성과의 예는 무수히 많다. [벤저민] 프랭클린이 피뢰침을 발명한 것도 그가 천둥에서 전기의 속성을 발견한 것과 다르다고 할 수 없다.[9]

토머스 에디슨(Thomas Edison)이 축음기를 발명한 것도 발견을 전환시켜 이룬 결과였다. 그는 회전하는 원판에 홈을 파서 수신된 모스 부호의 도트와 대시를 기록하는 장치를 발명했다. 원판을 전송 기계에 놓으면 레버가 원판의 홈을 따라 돌면서 위아래로 움직인다. 이때 레버가 도트와 대시를 따라 움직이면서 의도하지 않았던 지지직거리는 소리가 났다. 원판을 빠르게 회전시키자 레버는 진동을 일으키며 윙윙 소리를 냈다. 에디슨은 청력이 좋지 않았음에도 이 소리에 주목하여 그 발명을 반전시킨 것을 구상했다. 소리의 진동에 따라 세밀하게 홈을 만들고,

그 홈을 따라 레버가 돌게 한다. 이런 방식으로 진동을, 그리고 애초에 그 진동을 낳은 소리를 복제할 수 있었다. 케스틀러는 이렇게 말한다.

> 남은 문제는 어떻게 더 정교하게 만드는지였다. 에디슨은 종이 디스크 대신 부드러운 은박지로 감싼 실린더를 고안했다. 그리고 바늘을 모스 신호기에 붙이지 않고, 음파에 의한 진동이 새겨진 박막에 붙였다.…… 다 끝나자 에디슨은 그것에 대고 소리를 질렀다. "메리에게 어린 양이 있었대요."(우리나라에서는 동요 ‹비행기›의 '떴다 떴다 비행기~'로 알려진 멜로디.-옮긴이) 그러고는 녹음 실린더의 손잡이를 돌렸다.
>
> 기계는 소리를 완벽하게 재생했다. 모두 깜짝 놀랐다……그렇게 만들어진 것이다. 통신공학에서 쓰는 용어를 빌려 쓰면, 진동하는 레버의 배경 '잡음'이 '정보'로 전환되었다.[10]

아직 존재하지 않는 것에 투자하기

　구상하기는 아직 존재하지 않는 것에 대한 투자다. 구상은 지각에서 흘러나오고 감지에 의해 추진력을 얻어 추상적인 것이 되는데, 이것은 조만간 구체적인 것이 된다. 구상한다는 것은 앞을 보려고 애쓰는 것이다. 개념은 지각이 로직의 구성체에 연결되도록 한다. 개념은 지각된 것이 추상적인 것이 될 때 모습을 드러낸다.

　폭풍우가 모으기를 반복하면서 결코 일직선을 따라갈 필요가 없듯, 창작 과정도 접히고 펼쳐지기를 반복한다. 그러므로 개념화를 위해서는 모으기와 뒤쫓기로 되돌아가 그 아이디어들을 4장에서 말한 목표와 이상의 더 구체적인 모습이 될 수 있도록 도와줄 패턴의 조각들을 발견해야 한다. 지금 하는 뒤쫓기는 새로워진 뒤쫓기이므로, 그 아이디어들의 주변에서 그 아이디어들을 향해 왕복 운동을 하며 뒤쫓아야 한다.

　개념화는 목표와 이상을 넘어서는 어딘가로 당신을 데려갈 텐데, 그것은 그 과정에 추상적인 것과 구체적인 영역과의 연관성이 포함되기 때문이다. 개념화는 가교 역할을 한다. 개념화는 이상에 이르기 위해, 창작 활동을 추상적인 것에서 실제적인 제작으로 데려간다. 그러면서 속성들-당신이 만들게 될 것의 속성들-이 나타나기 시작한다. 속성들은 목표와 이상에 실체와 밀도를 부여한다. 여기서 밀도란 양적 측정값이며, 이는 당신의 아이디어가 결정화(結晶化)되고 있다는 의미와 같다.

　뭔가를 관찰할 때는 종종 예술가나 디자이너의 관점이 필요한데, 어떤 개념에 도달하려면 창작자의 관점이 맡는 역할을 인식하는 것이 중요하다. 벌의 눈은 수백 개의 낱눈들로 이루어진 매트릭스 구조로,

파올로 우첼로의 〈산 로마노의 전투〉. 내셔널 갤러리, 런던.

낱눈마다 각각 수정체가 있다. 이 구조로 인해 벌들은 각각의 낱눈으로 시각 정보를 보게 되는데, 이 낱눈의 매트릭스 구조와 벌집의 육각형 매트릭스 구조는 다르지 않다. 벌은 스스로 인식하기에 그 자리에 없는 것을 짓는 것이 아니라, 그야말로 보이는 대로의 것을 짓는다고 할 수 있다. 똑같은 말이 예술가나 디자이너에게도 적용된다.

파올로 우첼로(Paolo Uccello, 1397-1475)는 이탈리아의 화가이자 수학자로, 특히 〈산 로마노 전투〉라는 걸작이 유명하다. 이 작품은 세 폭으로 구성되어 있는데, 그 각각이 다른 미술관에 걸려 있다. 피렌체의 우피치 미술관, 파리의 루브르 박물관, 런던의 내셔널 갤러리가 그곳들이다.

　우첼로가 원근법을 발명함으로써 원근법에 주목할 만한 기여를 했다는 사실을 모르고 있는 사람들이 많다. 우첼로의 원근법은 예술가이자 건축가인 다른 두 사람이 개발한 것과는 다르다. 아트스쿨에서는 그와 동시대를 살았던 필립포 브루넬레스키(Filippo Brunelleschi, 1377-1446)와 알베르토 디 지오반니 알베르티(Alberto di Giovanni Alberti, 1525-1599)의 원근법을 가르친다. 이 두 사람의 원근법이 하나의 화면에서 한 개 혹은 두 개의 소실점을 가지는 반면에, 우첼로의 원근법은 바라보는 사람이 바라보는 바로 그곳이 소실점이 된다. 그는 격자화된 건축적 화면 상에서 하나의 시점으로 수렴되는 공간 안에 사물을 배치하는 것이 아니라, 떠다니는 사물 자체의 원근법을 구축한다.

전형적인 원근법이 정사각형과 직사각형을 이루는 장면이나 그런 사물에 적합하다면, 우첼로의 원근법은 말이나 사람 같은 자유로운 형태의 사물에도 동일하게 적용된다. 하나의 소실점으로 수렴되는 무한성에 기반을 둔 시간의 원근법적 체계와는 다르게, 우첼로의 원근법은 역동적인 광대함에 기반을 둔다. 바라보는 그곳이 바로 원근법의 궤적이 된다.

우첼로는 피라미드로 뒤덮인 구를 그렸다. 어떤 의미에서 이 작품은 그의 세계관을 나타낸다. 세상은 광활하고 어느 방향을 보든 무한히 뻗어간다.

창의성이 진실로 발휘되어 뭔가 새로운 것이 나타날 때, 구체적인 형태로 나타나는 그것은 놀라움과 기쁨을 일으킨다. 내 경험으로 창작에서 당신이 찾아낸 개념에 확신을 주는 것은 이런 감정들이다. 이제 여러분은 창작 과정의 다음 요소로 넘어갈 준비가 되었다.

폭풍우의 중심에서 바라보기 7.

7

앞을 내다보기

    루이스 캐럴(Lewis Carroll, 1832–1898)의 «거울 나라의 앨리스» 5장에서 앨리스와 하얀 여왕이 나누는 대화는 하얀 여왕의 말 한 마디로 끝나는데, 그 말은 늘 나를 각성시킨다.

> "당신 말은 이해할 수 없어요." 앨리스가 말했다. "정말로 혼란스러워요!"
> "뒤로 살아가면 그런 효과가 나타나지." 하얀 여왕이 친절하게 대답했다. "누구든 처음에는 약간 현기증을 느끼거든……"
> "뒤로 살아간다고요!" 앨리스가 깜짝 놀라며 그 말을 반복했다. "그런 말은 들어본 적이 없어요!"
> "……하지만 거기엔 큰 이점이 있지. 기억이 양쪽 방향으로 작용하거든."
> "**내 기억**은 확실히 한쪽 방향으로만 작용해요." 앨리스가 말했다. "어떤 일을 그 일이 일어나기 전에 기억하는 건 불가능해요."
> "뒤로만 작용하는 건 불쌍한 기억이야." 여왕이 말했다.[1]

어떤 종류의 기억이 앞으로 작용하는가? 나는 속으로 자문했다. 통찰? 직관? 상상? 창의성에 대해 설명할 때는 인간 정신의 이 세 가지 능력이 두루 쓰이는 것 같다. 그럼에도 불구하고 그 하나하나는 당신이 지금 어디로 가고 있는지 반드시 알아야 할 필요 없이 당신을 앞으로 나아가게 하는 어떤 것들을 설명한다. 그것들이 창작물의 미래를 바라보는 방법이다. 러시아의 위대한 작곡가 모데스트 무소륵스키(Modest Mussorgsky, 1839−1881)는 자신의 오페라 〈보리스 고두노프〉의 헌사에서 이렇게 썼다. "예술가는 미래에서 살기에 미래를 믿는다."

미래에 사는 사람이 예술가만은 아니다. 창작자라면 누구나 다 그렇다. 머리말에서 했던 말을 다시 해보겠다. 우리는 미래에 구현될 설계를 할 때, 해결책을 기대하는 문제를 만들 때, 인생을 항해하거나 뭔가를, 특히 빈 페이지를, 글이 막히는 순간을, 혼돈을, 무질서를, 욕구를, 질문을 통과하면서 이번 걸음과 다음 걸음을 연결시킬 때 앞을 내다본다. 그 전부가 창작 행위이다.

이 세 용어−통찰, 직관, 상상−가 창의성에서 각각 어떤 역할을 하는지 더 깊이 생각해보자.

통찰이란 어떤 대상의 본성을 깊이 이해하는 것이다. 어떤 대상에 내재한 잠재력을 보고 **그것**이 어디로 가는지 보는 능력이다. 통찰 = 놀람 + 경험 + 인식, 으로 나타낼 수 있다. 통찰력이 있다면 스스로 이렇게 물어본다. 이것은 무엇이 될 수 있을까? 나는 통찰이 다이어그램과 아웃라인을 통해 나타나는 무엇이라고 생각한다. 다이어그램과 아웃라인은 통찰의 표기법이 되어 창작 작업을 출범시킬 수 있다. 이는 수행해야 하는 창작 작업에 대해 이미 알려진 모든 것을 합치고 앞으로 나타날 것을 흡수함으로써 가능하다.

직관은 추리라는 의식적인 단계 없이 순간적으로 뭔가를 아는 것이다. 나는 직관이 통찰과 상상에 의존한다고 생각한다.

상상은 감각으로 느낄 수 없거나 현실에서 그 전체가 지각된 적이 없는 뭔가를 정신적인 '이미지'로 보여주거나 가상으로 재현하는 것이다. 이는 아직 존재하지 않는 것에 대한 투자다. 상상은 당신이 꿈을 꾸면서 가상현실을 지각하는 방식과 흡사하게 내면적으로 지각되는 감각 속성을 갖는다. 상상의 역할을 일차적으로 환상에 관련된 것으로 본다면 그것은 잘못 생각한 것이다. 상상은 영혼의 헌신을 요구한다.

상상은 개념을 실체에서 현상으로 전환시킨다. 바슐라르는 《공간의 시학》 머리말에서 "인간의 본성을 이루는 주요한 힘으로서의 상상력…… 그 신속한 활동에 의해 상상력은 우리를 현실에서뿐 아니라 과거에서도 떼어놓는다. 상상력은 미래와 마주한다."라고 말한다. 그리고 "시는…… 현실과 비현실을 엮"고 "실제적인 조건이 더 이상 결정 요소가 될 수 없게 한다."라고 한다.[2]

꿈속에서는 실재하는 것과 실재하지 않는 것의 구분이 없다. 나는 2년 넘게 내 꿈을 그림으로 그린 적이 있었다. 어떻게 했느냐 하면, 깨어날 때 꿈의 이미지를 그대로 떠올리려고 애쓰면서 기억나는 것을 스케치했고, 그날 나중에 다시 그림으로 그렸다. 선이 그려지면서 기억이 '끌려나올' 수 있었다. 그게 가능했던 것은, 선이 빈 종이에 나타날 때 실제로 눈에 보이는 것이 되고 더 이상 기억될 필요가 없었기 때문이라고 나는 생각한다. 더 많은 것을 기억해내게 되면서 그림은 기억의 파편을 저장하는 장소가 되었다.

내가 묘사하는 과정은 종종 딜레마를 야기했다. 예컨대 꿈속에서 내가 어느 탁자 앞에 앉아 있었다고 가정해보자. 나는 탁자 위와 아래에 뭐가

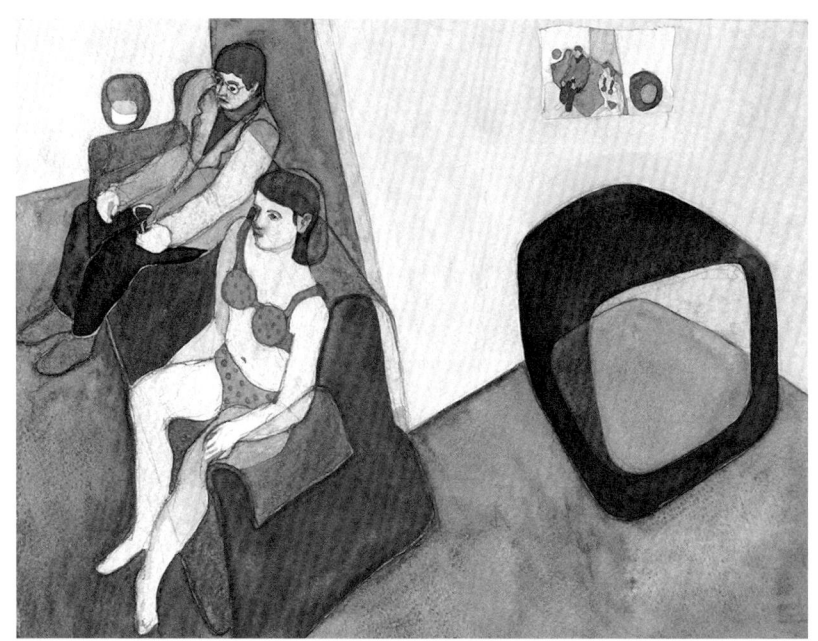

꿈을 그린 수채화.

있는지 다 볼 수 있다. 탁자의 위쪽과 아래쪽 모두에 대한 꿈속의 인식은 내 마음의 눈에 나타난 이미지이다. 양쪽 다 존재하고 양쪽 다 보이지만 그게 이상하게 느껴지지 않는다. 그래서 나는 내 꿈을 내가 본 대로, 다른 사물 뒤에 있는 사물도 보일 수 있도록 그렸다. 종종 한 꿈에서도 이미지들이 여기저기 연속적으로 나타난다. 그러므로 그 이미지들은 결코 단일한 일직선의 시간선상에서는 거론될 수 없다. 내가 만들어낸 이미지들에는 엑스레이 같은 측면도 있지만 저속 촬영 같은 측면도 있다.

나는 친구이자 시인인 스튜어트 블레이저에게 시에서 실재하는 것과 실재하지 않는 것을 어떻게 다루는지 물어보았다. 그는 내게 자신이 좋아하는 것에 대해 말해주었다.

> 시의 행이나 연, 혹은 시 전체에서 '현실'과 '비현실' 사이를 오가는 동시 변속기 같은 이동을 좋아합니다. 어떤 맥락에서 '비현실적인 것'으로 여겨지던 것이 어떤 날씨에는 갑자기 풍경의 한 부분으로 나타날 수 있어요. 내면에서 제조되고 수용되는 '환시'는 관찰 가능한 산을 따라 내려가면서 가속도가 붙는 동시에 이질적인 재료를 모아 눈덩이처럼 커집니다. 혼돈, 경첩, 중간 지점, '해는 졌으나 완전히 캄캄하지 않은 상태'가 그 자체를 선포한다고 말할 수 있어요.[3]

다음은 스튜어트의 시 〈야자나무와 바다가 있는 풍경〉에서 발췌한 부분이다.

> 생각이 식물처럼 자라고,
> 뿌리를 내린다.
> 멀리 퍼져나가는, 안개
> 분주히 꿀을 만드는
> 인간 벌들을 위한
> 마음의 꽃가루.
>
> 바다와 야자나무가 있는
> 목가적인 풍경은

또 하나의 천국이 된다.
실제적인 것에 희생되는
존경과 사랑의 대상인 우상들.

아름답게 남아 있는 것은
눈에 보이는 것보다 더
물리적인 사실이 된
환시 그 자체,

견고한 자연광.

제 욕구를 말하는 침묵.[4]

상형문자

한 남자가 특정한 공간에 위치한 레스토랑 설계를 요청하러 우리 건축회사에 찾아왔다. 그에게 생각해둔 아이디어가 있었다. 그는 메뉴가 프랑스와 이탈리아 음식이라고 말했다. 레스토랑 이름은 '33'이었다. 그와 동업자 둘 다 서른세 살이었기 때문이다. 거리 주소도 33번지였다.

미국에서 추방된 시인이자 비평가인 에즈라 파운드(Ezra Pound, 1885-1972)—초기 모더니즘 문학의 거물— 는 프랑스의 화가이자 조각가인 앙리 고디에 브르제스카(Henri Gaudier-Brzeska, 1891-1915) 전기에서 시를 이미지 텍스트로, 시에서의 이미지를 '그곳에서 흘러나오고 그곳을 통과하며 그곳으로 끊임없이 아이디어가 흘러드는 소용돌이'로 묘사했다.[5] 이 말은 폭풍우에 대한 것과 흡사하다. 이 설명은 또한 상형문자에도 잘 들어맞는 것 같다. 상형문자는 앞으로의 작업에 대한 보강재 역할을 할 수 있기 때문이다. 우리 회사로 찾아온 그 남자는 자신의 생각을 말하면서 냅킨에 숫자 3 두 개를 서로 등을 마주보게 그렸다. 그것이 디자인 작업을 가동시키는 일종의 상형문자였다.

우리는 레스토랑 공간에서 축 하나를 발견했다. 우리가 찾은 축에는 거울처럼 반사되는 기하형태의 특수한 간판이 달려 있었다. 그 간판은 말 그대로 외벽을 통과하여 거울처럼 반사되는 삼차원적 형태로 되어 있었다. 그렇게 하여 안쪽과 바깥쪽 모두에서 간판을 볼 수 있었다. 이것저것 그려보다가 만들어낸 두 개의 3이 등을 대고 있는 형태, 즉 종이를 접은 듯 거울처럼 반사하는 구조에서 모든 디자인 요소가 나왔다.

상형문자는 음성학적 텍스트와 그림문자의 조합이다. 예컨대 고양이라는 단어는 고양이가 우는 소리인 'miaow'(미아우)에서 파생된

mi+i+w라는 음성학적 세 부호와, 고양이라는 그림 기호의 조합이다. 상형문자는 우리가 여유를 갖고 이것저것 그려볼 때 만들어진다. 우드랜드가 모래밭에 손가락으로 그었던 선도 일종의 상형문자였다. 상형문자, 그림문자, 음성학적 텍스트는 눈과 귀와 몸에 이미지와 소리를 부여하여 그 안에서 공명을 일으킨다.

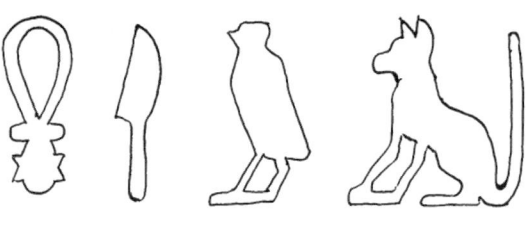

사전에서는 매트릭스를 '안에서, 혹은 안에서나 안으로부터 뭔가가 발생하여 형태를 갖추고 발전하는 것'이라고 정의한다. 이 정의는 어떤 측면에서 에즈라 파운드가 말한 소용돌이와 놀랄 만큼 비슷하다. 내가 보기에 상형문자는 종종 멀리서 바라본 밀집된 매트릭스 같다. 나는 매트릭스가 아이디어의 해부도라고 생각한다.

통찰 도면

　건축가들은 프로젝트에 대해 고민할 때 작은 다이어그램을 그린다. 즉, 간략한 스케치를 한다. 이 다이어그램이 상형문자의 한 형태이다. 우리는 스케치북에, 봉투에, 냅킨에 끊임없이 이런 것들을 그린다. 이 간략한 스케치가 프로젝트의 건축학적 해부도에 대한 정의가 된다. 이는 프로젝트가 자리를 잡고 실행될 때의 모든 우연이 수반된, 개념적 전체라는 유리한 관점에서 바라보는 매트릭스다. 작가에게 상형문자에 해당되는 것이 건축가에게는 간략한 스케치다. 나도 내 친구 블레이저의 의견대로 이를 '통찰 도면'이라고 부르겠다. 이 작업은 반복적으로 주문을 외듯 꾸준히 진행할 필요가 있다. 멀리서 보면 밀집된 매트릭스처럼 보일 텐데, 그것이 곧 아이디어의 해부도이다.

　통찰 도면을 반복적으로 그리면 선을 긋는 동작이 점점 익숙해지고, 한편 그 속성이 점점 적나라하게 드러나면서 우리는 그려진 것을 더 세심히 살펴보게 된다. 그 그림은 과다한 표시나 표현이 없는 벌거벗은 그림이다. 하나가 그려질 때마다 그 시작점, 길이, 혹은 그 표시의 궤적을 유심히 들여다본다. 하나의 표시가 다른 하나와 어떻게 만나고 어떻게 교차하며 어떻게 상대적인 위치에 놓이는지에 대한 의문이 제기된다. 손은 빈 종이의 개척자가 되어, 마치 만들어지고 있는 뭔가를 기억하려는 것처럼 갔던 길을 거듭 되돌아가고 같은 중심선, 같은 교차면, 같은 지선(支線), 같은 경계를 반복적으로 그린다. 그것은 정방향의 기억일 수도, 역방향의 기억일 수도 있다. 타워에서 내려다보는 전망은 이런 제스처들로 구성되고, 그렇게 해부도의 인식이 가능해진다. 통찰 도면은 디자인에 대한 보강재이다.

우리는 1970년대에 지어진 교회의 증축 설계를 요청 받은 적이 있는데, 이때도 통찰 도면이 사용되었다. 증축 건물에서는 어린이들이 예배를 드릴 거라고 했다. 설계를 하기 전에 우리는 교구민과 목사들이 교회에 대해 품은 욕구와 열망을 알기 위해 인터뷰와 비공식 대화를 진행했다. 그들은 신자 수가 기존 건물의 수용 규모를 초과하여 '숨 쉴' 공간이 더 필요하다고 했다. 그 표현을 선택한 데에 그 프로젝트에 대한 직관이 담겨 있었다.

부속 건물의 벽과 기존 교육관의 한쪽 벽이 맞닿도록 짓는다는 것이 예배당의 기본 설계였다. 예배당은 부등변 사각형 형태로 들어앉게 된다. 예배당 서쪽의 좀 더 트인 공간을, 서쪽 벽을 동쪽 벽과 평행이 되지 않게 틀어서, 부등변 사각형 모양으로 만드는 것이다.

기존 교회에는 카탈로그에서 주문한 것처럼 흔하디흔한 모양의 뾰족지붕(spire)에 첨탑(steeple)이 세워져 있었다. 이 첨탑은 크레인을 이용하여 교회 건물 위에 끌어올린 것이었다.

나는 파트너들과 함께 교회 사람들 앞에서 준비한 자료를 발표하다가, 당황스럽게도 기존 교회의 실물 모형에서 첨탑을 빠뜨린 사실을 깨달았다. 모형 위에 첨탑을 올려도 자꾸만 떨어졌다. 그러자 나는 궁금해졌다. "대체 뾰족지붕이란 게 뭐지?" 그래서 나는 사전에서 그 단어를 찾아보았다. 내가 알아낸 것은 첨탑의 목적과 역사, 그리고 열려 있음에 대한 열망이었다. 그리고 그 예배당의 구체적인 다이어그램뿐 아니라 그 교회 사람들이 품은 확장에 대한 갈망을 알아냈다. 첨탑을 빠뜨린 '사건'이 '뾰족지붕'에 대한 관심으로 이어졌고, 그 덕에 디자인 방향에 대한 통찰을 얻을 수 있었던 것이다.

7장까지 왔으니 지금쯤 여러분도 짐작하겠지만, 단어의 기원,

즉 어원, 그리고 우리가 쓰는 단어가 어떻게, 왜 그 의미를 가지게 되었는지를 아는 것이 내게는 창의성을 이해하는 데 중요한 역할을 한다. 영어 단어 spire는 라틴어인 spirare가 그 기원이며 그 뜻은 '숨 쉬다'이다. 그 단어는 spiral(나선형)뿐 아니라 spirit(영혼)과도 그 뿌리를 같이한다—나선형이라는 형태는 호흡처럼 확장하고 수축할 수 있다. Respire(호흡하다)와 expire(기간이 만료하다)는 서로 상관된 단어이며, inspiration(영감)도 마찬가지다.

한편 우리의 고민은 부등변 사각형 형태의 땅과 부등변 사각형 형태의 벽이 세워지는 이 예배당의 다이어그램을 만드는 것이었다. 평행하지 않게 마주보는 벽들의 구조를 해결하는 것이 문제였다. 벽들이 이루는 각도가 다르다는 문제를 해결하는 것이 우리의 목표였고, 우리는 이 복잡한 구조의 해결책을 찾아냈다. 구체적인 문제를 해결할 방법들을 탐색한다는 것은 가능한 것들을 눈앞에 그려보는 과정과 같은 것이다. 그것이 곧 상상의 과정이다.

나는 문득 각 벽이 원래의 사각형을 유지하도록, 즉 원래 모양에 '충실한' 벽일 수 있도록 이 벽들의 틀을 잡아 구조적 체계를 유지하고 싶다는 생각이 들었다. 내가 생각해낸 것은 한쪽 벽이 출발점이라면 거기서 위로 올라가 지붕을 가로질러 다시 반대쪽 벽으로 내려오고 다시 바닥을 가로질러 맨 처음의 벽으로 돌아오도록 하여 그 구조적 체계가 끊어지지 않게 하는 것이었다. 그 순서대로 하면 닫힌 틀이 아니라, 끈으로 예배당의 공간을 감는 것 같은 빙 두르는 나선형이 만들어진다. 나선형 구조는 예배당의 좁은 쪽 끝에서는 조여지고 반대쪽 끝을 향할 때는 확장된다. 이것이 예배당 전체를 뾰족지붕처럼 보이게 할 것이다.

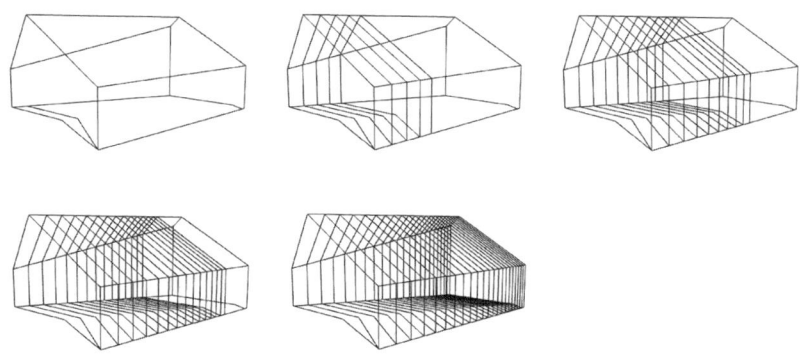

예배당 설계의 체계를 보여주는 다이어그램.

이것이 예배당 설계를 위한 확실한 다이어그램이 되었다. 북쪽으로 천장/지붕과 바닥을 지나가는 나선형의 기하형태에 따라 전체 구조와 창문, 그리고 천장/벽의 음향판이 결정되었다.

이 아이디어를 교회에 제시했을 때 우리는 이 아이디어가 지금의 교회가 세워지기 전의 두 교회와 연관이 있다는 새로운 사실을 알아냈다. 지금의 교회는 두 교구의 신도를 통합하여 만든 것이다. 그림의 왼쪽 교회는 그 구조가 외장 자재라는 피부를 쑥 밀고 나온 형태이고, 지붕은 빨려 들어간 듯 보인다. 오른쪽 교회는 그 구조가 눈에 보이지 않게 외장 자재라는 피부 안에 감춰진 형태이다. 한 교회는 들숨 같고 다른 한 교회는 날숨 같다. 들숨에서는 몸속의 빈 공간이 없어지고 피부가 당겨지며 구조가 드러난다. 날숨에서는 몸과 피부가 모두 이완된다.

우리가 제시한 다이어그램이 내가 전달 받은 기준을 정말로 충족시킨 것이다. 즉, 숨 쉴 수 있는 공간이 만들어졌다.

예전 교회들의 정면 모습.

완성된 예배당의 내부 모습.

클레가 주는 교훈

나는 강의를 맡은 초창기부터 통찰, 직관, 상상의 작용을 목격할 특별한 기회가 있었다. 나는 수강생들에게 클레의 수채화 〈다성(多聲)적 구조의 흰색〉(Polyphon Gefasstes Weiss)을 원래 크기로 보여준 뒤 흰색 뮤지엄보드와 흰색 접착제만 사용하여 삼차원 구조물을 만들 것을 요구했다.

카드보드나 일러스트레이션보드와 다르게 뮤지엄보드는 보드 속까지 균질한 재료로 되어 있다. 즉 흰색 뮤지엄보드는 보드 속까지 흰색이다. 당시의 학생으로 지금은 코네티컷에서 수습(修習) 중인 건축가 존 R. 슈뢰더는 그림의 각 색깔에 각각 다른 깊이 값을 부여하고 직사각형 형태의 각 색깔을 각각 다른 깊이의 직사각형 튜브로 제작하여, 클레의 격자무늬판 그림을 3차원 구조물로 만들고자 했다. 직사각형 뮤지엄보드 하나를 맨 밑에 두고 길이가 서로 다른 튜브를 그림의 구성대로 배치했다.

존 슈뢰더의 모형.

존은 클레의 그림 중심에 있는 흰색 직사각형을 가장 깊은 튜브로 하여 중심에서 점점 낮아지는 형태를 만들었다.

존이 그 구조물을 제작하기 전에 우리는 같이 이야기를 나누었다. 나는 그가 이런 구조물을 만들기로 결정한 이유와 근거를 알고 싶었다. 그는 색깔과 깊이의 관계가 구현되는 구조물을 만들고 싶다는 통찰 이상은 말하지 못했다. 그의 목적의식에서 느껴지는 뭔가에 이끌려 나는 한 발짝 비켜서서 그를 지켜보기로 했다.

존은 밤을 새워가며 작업했고, 흰색 뮤지엄보드 튜브를 배치하여 구조물을 만들었다. 구조물이 완성되자 그는 그것을 들어 올렸다. 건물 북쪽에서 들어오는 간접 광선이 그 구조물을 비추었다. 서로 다른 길이의 흰색 튜브가 빛을 굴절시키자 클레의 그림 속 색깔들이 재창조되었다.

이 책의 표지 날개에서 클레의 그림과 존의 모형을 찍은 코다크롬 슬라이드 무보정 스캔을 볼 수 있다. 존의 모형 이미지는 구조물을 들어 올려 북쪽에서 들어오는 간접 광선에 노출시킨 것을 바닥쪽에서 바라본 것이다.

존이 색깔과 깊이의 관계를 안 것은 직관에 의해서였을 것이다. 색깔이 다르면 초점 길이도 다르다. 어쩌면 존은 클레의 그림을 유심히 바라보면서 색깔들의 서로 다른 깊이를 **느꼈을**지도 모른다. 그의 직관이 그에게 흰색 뮤지엄보드를 이용하여 각각 높이가 다른 튜브를 만들겠다는 충동을 일으켰을 것이다. 튜브의 높이가 차가움과 따뜻함의 스펙트럼을 따라 빛을 굴절시켜 그 구조물을 간접 광선으로 쳐다봤을 때 그림과 같은 색깔을 나타내게 되었을 것이다.

나는 존이 만든 것을 보며 클레가 그 그림을 그린 것도 존의 구조물과 비슷한 것을 봤기 때문이 아닌지가 궁금해졌다. 따져보면 충분히 가능한 이야기다. 클레는 바우하우스에서 학생들을 가르쳤는데, 그곳은 많은 형태 습작이 흰색 보드로 이루어지는 곳이 아니던가.

반복되는 주기

예배당과 존의 창작물은 1장에서 이야기한 반복에 대한 개념을 다시금 떠올리게 하는 예다. 반복은 폭풍우와 창의성의 공통점이다. 창작 과정은 순환적이어서, 반복적인 순환주기를 거치면서 앞으로 나타날 결과를 예상한다. 그래서 이미 존재하고 있었으나 예전에는 인식되지 않았을 뿐인 뭔가의 발견으로 이어지는 일이 더러 있다. 과학자들이 베그너의 대륙이동설(3장에서 다루었다)을 40년 동안이나 인식하지 못했던 것과 마찬가지다.

예배당의 다이어그램은 좋은 해결책을 예고했을 뿐 아니라 교회 역사에 얽힌 부분을 밝혀냈다. 클레의 그림을 삼차원으로 해석한 구조물을 만들기 위한 존의 전략은 빛이 그림의 색깔을 굴절시켜 나타내는 현상을 예고했을 뿐 아니라 클레 자신이 애초에 그 그림을 그릴 때 어떤 경험을 했을지에 대한 가능성을 보여주었다.

창작이 진행되는 동안 우리의 소명 혹은 사명에 관한 다른 뭔가가 드러난다. 나는 지금 우리 각각이 만들어내는 개인적인 내러티브에 관해 말하고 있다. 1장에서 이미 이야기한 것이다. 우리가 살아가는 삶은 결국 우리가 선택한 사명에 대한 자격요건을 갖추는 일로 귀결된다. 달리 말하면, 우드랜드가 모스부호를 배운 보이스카우트 대원이 아니었다면 모래밭에 손가락으로 선을 그으면서 아무것도 떠올리지 못했을 것이다. 이 같은 신비한 통찰 덕에 우리는 미래를 볼 수 있지만, 이런 통찰은 한편으로 과거-좀 더 구체적으로는 우리 자신의 과거-에서 나오는 것이다. 나는 하얀 여왕이 말하는 뒤로 작용하는 기억을 이렇듯 '거꾸로 가는 상상'으로 이해한다.

상상하기와 상상에 대해 좀 더 하고 싶은 말

　상상이란 바라보기 위한 도구다. 상상은 당신을 선택 가능한 여러 대안들 사이로 데리고 다니면서 지각(지각의 대상)에서 개념으로, 이어 다시 지각될 수 있도록 구현된 뭔가에 이르기까지 구체적 속성들로 당신을 이끈다. 앞서 말했듯 상상은 아직 존재하지 않는 것에 대한 투자다.
　창작 과정에서 추상적인 개념이 잡혔다면 다음 단계로 밀고 나아갈 필요가 있다. 그럴 때 상상을 이용하면 된다. 핵심은 개념적인 과정을 멈추고 자신에게 질문을 던지는 것이다. 일반적으로 다음과 같은 질문을 할 수 있다. 이건 뭐가 될 수 있지? 뭐가 가능하지? 어떤 선택을 할 수 있지? 이런 질문들에 대한 답이 미래에 대한 투자가 된다. 더 구체적인 질문을 할 수도 있다. 디자이너라면 이렇게 묻는다. 이 재료를 쓰면 어떻게 되고 저 재료를 쓰면 어떻게 되지? 소설가라면 이렇게 묻는다. 우편배달부를 남자가 아니라 여자로 하고 그 여자를 절름발이로 하면 어떨까? 실험실의 과학자라면 실험대에서 이렇게 묻는다. 이걸 배양접시에 넣으면 어떻게 되지?
　가능한 결과가 무르익기 전에 그 결과를 미리 '보려면', 즉 추상적인 것에서 구체적인 것으로 옮겨가면서 어디로 가는지의 감각을 가지려면 상상을 활용하면 된다.

상상은 내가 2장에서 말한 지금 여기의 관점에서 당신을 떼어내 멀리로 데려갈 것이다. 창작에서 상상의 지점에 도달했다면, 문제는 이미 오래 전에 만들어졌고 지금 여기에 기울였던 주의는 앞을 내다보는 어느 지점으로 이동했다는 말이다. 상상은 또한 관점을 확장시킨다. 개별 관찰들이 창작 과정의 열쇠가 되기는 하지만, 뭔가를 만들어야 할 지점에 이르면 당신은 그 전체의 모습을 봐야 하는데, 그것은 하나의 단일한 관점으로는 가능하지 않기 때문이다.

상상하기는 생각에 영향을 미친다. 상상은 하나의 활동으로서 새로운 상황이나 아이디어를 생성하거나 마음속에 일어난 주관적이고 의식적인 개별 경험사건들을 환기시킨다. 이러한 사건은 철학자들이 qualia라고 부르는 것으로, 라틴어 qualis가 그 어원이며, 뜻은 '어떤 종류' 혹은 '어떤 유형'이다. 상상하기는 본질적으로 직접적이거나 수동적인 경험이 아니라, 주관적인 활동이다.

심리학자들은 상상이라는 단어를 인간의 감각에 의해 지각된 대상의 지각체들(percepts)을 마음에 되살리는 과정을 일컫는 데 사용한다. 심리학자들은 그것을 '이미징'(imaging) 또는 '형상화'(imagery)라고도 부른다. 상상으로 본 것은 흔히 말하듯 '마음의 눈'으로 본 것이다.

우리가 추상적인 것을 구체적인 것으로 만들 때 상상은 온갖 실제적인 기능을 한다. 창작 과정상의 이 단계에서 상상이 그토록 중요한 이유는 그것에도 있다. 상상은 뭔가를 다른 사람의 관점에서 '바라볼' 수 있게 해준다. 상상은 가능한 미래를 투사해 볼 수 있게 해준다. 지각한 것을 구체화시키려고 할 때 사용하는 마음의 기능도 바로 상상이다. 우리는 상상에 근거하여 결정을 내리는데, 그것은 우리가 상상하고 있는 것에 반응하기 때문이다.

통찰, 직관, 상상은 지금 현재 일어나고 있는 일에, 지금 바로 우리 앞에 펼쳐진 일에 오롯이 집중할 때 가능하지만, 한편 앞으로 다가올 일이나 지금까지 있었던 일을 바라볼 수 있게 해준다. 엘리엇은 이렇게 썼다.

현재의 시간과 과거의 시간
둘 다 어쩌면 미래의 시간에 존재하는 것
그리고 미래의 시간은 과거의 시간에 담겨 있는 것
모든 시간이 영원히 존재한다면
모든 시간은 다시 불러올 수 없는 것.[6]

폭풍우의 중심에서 바라보기 8.

8
연결하기

플랑크톤은 '방랑자' 또는 '떠돌이'를 뜻하는 그리스어에서 온 단어로, 자체적인 이동 능력이 있는 유기체와는 다르게 물살을 타고 흘러가거나 부유하는 유기체를 일컫는다. 근래에 과학자들은 식물성 플랑크톤— 바다의 상층에 떠다니고 현미경으로만 보이는 작은 단세포 유기체—이 날씨와 기후에 영향을 미치는데 이것이 결과적으로 그 자신에게 유익한 일이 될 수 있다는 사실을 알아냈다. 식물성 플랑크톤은 자외선 방사에 민감하다. 식물성 플랑크톤이 다량의 햇볕에 노출되면 대사물(代謝物)을 생산하여 자신의 세포벽이 자외선에 덜 침해되도록 한다. 바닷물 속에 있는 박테리아가 이 대사물을 분해하면 분해된 물질은 전환과 여과의 과정을 거쳐 공기 중으로 들어간다. 그 과정에서 먼지 같은 입자가 생성되는데, 그 입자는 물 분자가 붙어 응결되기에 꼭 알맞은 크기다. 입자에 물 분자가 붙어 응결되면 구름이 만들어지고, 구름이 덮는 면적이 넓어져서 자외선에 취약한 식물성 플랑크톤이 자외선 방사로부터 보호되는 것이다. 이 전체 순환주기는 고작 며칠이다.

이는 천문학적인 것에서부터 신진대사에 관련된 것까지 모든 것이 어떤 식으로든 연결되어 있음을 보여주는 무수히 많은 예의 하나일 뿐이다. 우리가 늘 이런 연결을 볼 수 있는 것은 아니다. 내 생각에 창의성이란 연결하는 것, 혹은 이미 연결된 것을 눈에 보이게 하는 것이다. 7장에서 논의한 바와 같이 통찰, 직관, 상상은 다른 관점에서 보는 것, 있을 법한 미래를 투사하는 것, 다양한 장면들을 마음의 눈으로 동시에 조합하는 것과 관련된다. 패턴이나 연결 체계가 인식되는 것은 '전망'에 통찰, 직관, 상상의 힘이 실릴 때만이다. 이전에는 보이지 않던 연결의 끈이 전환적인 관찰과 사고의 길로 우리를 이끈다. 연결의 끈을 인식하는 것과 창의적인 사고는 서로 분리할 수 없다.

스티브 잡스(Steve Jobs, 1955-2011)는 애플사를 설립한 미국의 기업가이자 발명가로, 그는 애플사가 퍼스널 컴퓨터와 가전제품 분야에 일어난 진정한 전환기를 통과할 수 있도록 안내했다. 애플사는 탁월한 독창성과 디자인의 동의어가 되었다. 1996년 인터뷰에서 잡스는 어째서 더 많은 제품들이 훌륭한 디자인의 미학에 따라 만들어지지 않는지에 대한 질문을 받았다. 그의 대답이 그가 창의성을 바라보는 시각을 보여준다.

> 창의성은 그저 사물들을 연결하는 것이다. 창의적인 사람들에게 뭔가를 어떻게 해냈느냐고 물으면 그들은 약간의 죄의식을 느낄 것이다. 그들은 정말로 뭔가를 해낸 게 아니라 그저 보았을 뿐이기 때문이다. 보고 난 뒤 얼마의 시간이 지나면 그것이 분명해지는 시점이 온다. 이는 그들이 자신의 경험을 연결할 수 있고 새로운 것을 통합할 수 있기 때문이다. 그들이 그렇게 할 수 있는 이유는 다른 사람들보다 더 많은 경험을 했거나 자신들의 경험에 대해 더 많은 생각을 했기 때문이다.

안타깝게도 그것은 아주 희귀한 물건 같은 것이다. 우리 업계에서 일하는 많은 사람들이 그렇게 다양한 경험은 하지 못했다. 따라서 그들은 충분한 연결점들이 없고, 결국 어떤 문제에 대한 폭 넓은 관점이 없는 그저 직선적인 해결책을 내놓는 것으로 끝난다. 인간의 경험에 대한 이해가 넓어질수록 더 좋은 디자인이 나올 수 있다.[1]

잡스의 정의는 간단하다. 창의성은 연결하는 것이다. 그것은 창의적인 사람들이 눈으로 보는 뭔가이지 굳이 행동으로 하는 뭔가일 필요는 없다. 창작자들은 자신의 경험에서 연결을 이끌어낸다.

연결자 다윈

다윈은 시대를 통틀어 가장 창의적인 연결자 중 한 사람이다. 그는 우리가 생명을 이해하는 방식을 바꾸어 놓았다. 그의 자연선택설은 변이가 일어나는 주된 과정과 종(種)의 기원을 설명한다. 또한 진화가 어떻게 일어나는지 설명한다.

자연선택설은 놀랄 만큼 우아하고 단순하다. 이 이론은 명백하게 세 가지 관찰 내용을 연결하여 탄생시킨 결과물이다. 즉, 유기체는 살아남는 숫자보다 더 많은 후손을 생산한다, 한 종(種)이 가진 특성은 변한다, 이 특성과 변이가 한 세대에서 다음 세대로 전수된다는 것이 그 세 가지로, 다윈은 이 관찰 내용을 법칙으로 격상시켰다. 세대를 거치며 살아남은 유기체의 특성이 그 종과 변이형 또는 돌연변이를 규정하고, 그것이 더 나아가면 새로운 종의 기원이 되는 것이다. 이를 이해하려면 여러 세대를 거치는 동안 나타나는 많은 순열을 이해하는 것이 필요하다.

다윈은 스티브 잡스가 말한 '자신이 경험한 것들을 연결할 수 있고 새로운 것들을 통합할 수 있는' 창의적인 사람에 확실히 잘 들어맞는다. 그들이 그렇게 할 수 있는 이유는 '다른 사람들보다 더 많은 경험을 했거나 자신들의 경험에 대해 더 많은 생각을 했기 때문'이다. 2장에서 말했듯 다윈은 스물두 살 때 <HMS 비글 호>에 승선하여 피츠로이 함장이 초대한 동식물학자이자 손님으로 5년 동안 지구를 돌아다녔다―평범한 사람에게는 주어지지 않는 특별한 경험임에 틀림없다. 함장의 초대를 받았을 때 그는 동식물학자로서 막 걸음마를 뗀 시점이었다. 피츠로이 함장은 그 항해에 과학적 탐구를 할 수 있는 사람도 태우고 싶었을 것이고 긴 여행의 말벗이 되어줄 사람도 필요했을 것이다. 다윈은 항해 기간 중에는 멀미를 달고 살았지만, 육지에 내려서는 생물체의 표본을 꾸준히 채집하여 고향으로 보냈다. 그는 편지를 썼고 일지를 꼼꼼히 기록했다.

항해가 끝나자마자 다윈은 자연선택설의 세 가지 법칙을 자신의 노트에 기록했다. 그가 세 가지 법칙을 인식하기 위해 더 챙겨 갔어야 하는 것은 없었다. 즉, 이 법칙들이 사실임을 밝히기 위해 장비나 도구가 더 필요하지는 않았다. 혁명이라 부를 만한 점은 다윈이 그 원칙들을 연결했다는 것과 그렇게 함으로써 거의 모든 것에 대한 우리의 관점이 급진적으로 바뀌었다는 것이다.

다윈은 이십대에 자신의 이론을 구상했지만 그 이론을 자신의 저서 «종의 기원»에 발표한 것은 그가 쉰 살이 되었을 때였다.[2] 흔히 그가 수십 년 간 발표를 미룬 것은 진화의 개념이 세상에 미칠 파급효과를 두려워했기 때문이라고 오해된다. 스티븐 제이 굴드는 그의 에세이 <우리는 다윈의 혁명을 완성할 수 있을까?>에서 진화라는 개념은 다윈 시대의 다른 과학자들도 연구 중이던, 비정통적이지만 널리 퍼져 있던 생각이라고 주장한다.³ 굴드에 의하면 다윈의 독창성은 그가 자연선택설을 통하여 진화의 메커니즘을 설명한 데 있었다. 그의 이론을 정확히 이해하면 우리가 삶과 삶의 의미를 이해하는 방식이 달라진다.

다윈은 종의 과잉, 변이형, 변이형의 유전, 이 세 가지 법칙을 연결하여, 종은 유전된 특성들의 순열이 여러 세대에 걸쳐 생산됨으로써 진화하고 생겨난다는 결론을 끌어냈다. 이 기나긴 과정은, 각 세대가 재생산을 통해 선택한 것들의 축적과 그 선택들의 결과라는 것 말고는, 저 높은 곳에 있는 대단한 목적 같은 것을 필요로 하지 않는다. 각 세대가 재생산을 통해 선택한 것들의 축적과 그 선택들의 결과가 전부다. 긴 시간을 아우르는 목적이 필요 없을 뿐더러, 긴 시간에 걸쳐 진화된 종이 발전을 한 것인지에 대한 논의 또한 부적절하다. 굴드의 지적에 따르면 다윈이 처음에 진화라는 단어를 회피했던 이유가 바로 그것이었다. 진화라는 단어는 발전적인 변화를 암시하기 때문이었다.

다윈의 생각은 급진적이었다. 종은 개체 각각이 재생산을 위한 선택을 한다는 것과 어떤 특성이 세대를 거치며 전수되다가 우연히 적응에 성공하는 것에 근거하여 변화하고 생겨난다는 것이 그의 생각이었다. 이는 인식하기도, 받아들이기도 어려웠는데, 인간이라는 종이 오랜 세월에 걸쳐 '발전한' 진화의 정점도 아니고 진화의 정점이 인간도 아니라는 의미였기 때문이었다. 다윈의 생각에 의하면 오히려 인간이라는 종은 오늘날 살아있는 다른 종들과 다르지 않게, 오랜 세월 동안 여러 세대에 걸쳐 살아남은 우연한 변이형의 결과에 지나지 않는다.

자연선택설의 핵심인 이 세 가지 법칙들을 연결하면서, 다윈은 또한 그의 이론이 자연주의, 그리고 애덤 스미스(Adam Smith)의 경제이론과 유사함을 보았다.⁴ 스미스의 자유방임(laissez-faire)(프랑스어로 '하게 하다'라는 의미이지만, 구어적으로는 '되는 대로 두다' 또는 '내버려두다'라는 의미로 쓰인다) 경제학은, 잘 기능하는 경제는 사적 이익을 얻기 위한 개인 노력들의 집합적 역할을 통해 나타난다는 생각에 그 근거를 둔다. 다윈은 애덤 스미스를 연구했고, 자유방임의 자본주의와 생태계 사이의 연관성을 보았다. 그 연관성은 생태계가 상위로부터 부여받은 목적 없이 재생산의 성공을 이루려고 하는 많은 유기체들로 만들어졌다는 데에 있었다.

    다윈은 종의 과잉, 변이형, 변이형의 유전에 관한 관찰 사이의 연관성을 정확히 보았고, 그가 그럴 수 있었던 것은 진화에 대한 선입관이나 더 높은 목적이 있는 종의 발전이라는 선입관에서 자유로웠기 때문이었다. 그리고 진화에 대한 선입관, 즉 인간을 궁극적인 목적지로 두고 발전의 길을 따르는 것을 진화로 여기는 그 관점에 의문을 품었기 때문에 그는 그 연결을 볼 수 있었다. 그가 물질적인 설명을 해낼 수 있었던 것은 초자연적이고 영적인 설명에 의문을 품을 수 있었기 때문이었다. 다윈은 자신의 생각이 급진적이라는 사실과 자신이 알아낸 것을 다른 사람들은 편견에 눈앞이 가로막혀 보지 못한다는 사실을 잘 알고 있었다. 그는 1838년 10월 자신의 노트에 이렇게 썼다. "신의 사랑, 조직체의 영향력, 오, 너 물질주의자여! …… 생각이 뇌의 분비물일진대 어째서 물질의 속성인 중력보다 더 훌륭하단 말인가? 그것은 우리의 오만이자 우리 자신을 찬양하는 것이다."⁵

    다윈은 자신의 이론이 이해 받는 순간 일어날 급진적인 변화를 알고 있었다. 코페르니쿠스의 이론이 지구를 우주의 중심에서 몰아냈듯이 다윈은 생명체의 예정된 운명이라는 굳건한 기반에서 우리를 떼어낸 것이다. 다윈은 종의 발달이라는 메커니즘을, 다른 사람들도 당대에 편안하게 받아들여지던 가정(假定)에 눈멀지 않았다면 알아차릴 수 있었을 공개된 장소에서, 그 자신이 발견한 사실들을 연결함으로써 알아냈다.

여러 저장탑을 아우르는 연결

스티브 잡스는 30년쯤 전에 매킨토시를 만들면서 지식이나 사람뿐 아니라 '사물을 연결하는 것'이라는 창의성에 대한 그 자신의 정의를 입증했다. 그가 바란 것은 컴퓨터를 직관적이고 더 광범위하게 사용할 수 있게 하여 컴퓨터 산업에 혁신을 일으키는 것이었다. 그는 다양한 지식 분야의 사람들로 구성된 팀을 꾸렸다. 거기에는 자퇴 후 독학한 사람, 예술가, 의학이나 철학 박사과정 수료자, 음악가, 건축가 등이 포함되어 있었다. 그는 예술의 가치가 컴퓨터 기술과 공학에 어떻게 통합될 수 있는지 보여주기 위해 이들과 컴퓨터 공학자들을 한 자리에 끌어 모았다.

가이 트리블은 소프트웨어 개발 분야의 매니저로, 초창기 매킨토시 디자인팀의 일원이었다. 컴퓨터가 지금보다 훨씬 느리게 작동하던 때로, 그는 "어떤 컴퓨팅 사이클을 추가하건 스프레드 시트를 더 빨리 작동시킬 수 있도록 해야 했어요." 하고 설명했다. 매킨토시팀의 접근법은 달랐다. 트리블은 이렇게 회상했다. "우리는 이런 대화를 나누었어요. 컴퓨터의 이 귀한 능력을 스크린에 그림을 그리는 방면으로도 활용해 봅시다." 그렇게 함으로써 매킨토시는 직관적으로 사용할 수 있는 컴퓨터가 된 것이다.[6]

여러 분야를 모은 것이 각 분야의 사고를 확장시키고 새로운 도전을 가능하게 했다. 잡스가 그 업적을 이룰 수 있었던 것은 각 구성원이 디자인팀에 쏟아 부은 다양한 전문성 덕이었다. 여러 분야의 각기 다른 전문 지식을 협상시키면 기존 선입관이 흔들리고 이전에는 보이지 않던 것이 공개되어 발견이 일어난다. 이와 비슷하게 이전에 독립적이던 두 개의 분야를 병합하면 혁신이 일어나 완전히 새로운 분야가 만들어진다—천문학에서 그런 일이 일어났다.

요하네스 케플러(Johannes Kepler, 1571-1630)가 등장할 때까지 천문학은 수학의 한 분야였고 기하학을 통해 이해되는 학문이었다. 케플러를 천문학으로 이끈 것은 기하학의 순수성이었다. 독일의 천문학자였던 케플러는 연구를 시작할 때만 해도 행성의 움직임이 완벽한 원을 그린다고 확신하고 있었다. 하지만 그가 행성의 궤도를 물리학적인 문제로 보기 시작하자 그 행성들은 우주 공간을 돌면서 서로 영향력을 미치는 것으로 생각되었다. 그 생각에서 케플러는 행성이 아치형을 그리며 돌 때 그 궤적 안의 어떤 지점이 행성의 공전을 일으키는 힘의 원천일 거라는 이해에 이르렀다. 이 원천은 물론 태양의 중력이 끌어당기는 힘이다.

케플러가 태양의 주변을 도는 행성들의 실제 움직임을 설명할 수 있었던 것은 그가 물리적인 힘을 천문학에 적용시켰기 때문이었다(그는 이를 '천체의 물리학'(celestial physics)이라고 불렀고, 이는 그 뒤로 천체물리학(astrophysics)이라는 분야로 자리 잡았다). 훗날 다윈이 그랬던 것처럼, 그도 세 개의 법칙을 만들어냈다. 이 법칙들은 행성의 이동에 관한 것으로, 행성의 궤도는 타원이며 태양은 그 두 개의 초점 중 하나에 있고, 행성과 태양을 잇는 선분은 동일한 시간 간격 동안 동일한 영역을 쓸고 지나가며, 한 행성의 공전 궤도 주기의 제곱은 그

궤도의 반장축(半長軸)의 세제곱에 비례한다는 것이다. 첫 번째 법칙은
행성이 이동하는 기하학적 경로를 설명하고, 두 번째 법칙은 궤도상의 한
지점에서 행성의 이동 속도가 변화하는 것을 설명하며, 세 번째 법칙은
행성들 간의 공전 주기와 반경을 비교한다. 당시에 케플러의 눈을 가리고
있던 것—케플러는 원형 궤도에 집착하고 있었다—이 그가 물리학과
천문학을 연결하려고 했을 때 벗겨져 나온 것이다. 그의 선입관은 그렇게
사라졌고, 이로써 그의 발견이 가능해졌다.

구성에서 나타나는 연결

뭔가가 어떻게 구성되고 한데 모아지는지에서 나타나는 연결은 위의
예들에서 살펴본 개념적 연결만큼 중요하다. 5장에서 다루었듯 구조학,
즉 사물들 간의 관계는 건축가의 언어이다. 이는 디테일의 디자인, 한
요소와 다른 요소, 또는 한 공간과 다른 공간의 접합에 의해 표현된다.
건축물이 물리적으로 이것저것 붙여 만들어진다는 것은 곧 의미가
어떻게 표현되는지를 말한다. 결합(cohesion)은 연결하기의 물리적인
측면을 말한다. 이 단어는 라틴어 cohaere에서 왔고, '붙어 있다, 함께
머물다'라는 뜻이다. 폭풍우에서 결합은 폭풍우가 모아들인 모든 재료를
한데 합치는 것이다. 폭풍우를 일으키는 조건들은 폭풍우에 앞서
존재하지만, 폭풍우를 일으키는 것은 그 조건들의 혼합이다. 그 조건들이
어떻게 혼합되는지, 어떻게 연관되고 서로의 형태를 바꾸어놓는지가
폭풍우를 일으키고 폭풍우로 하여금 밀고 나아가면서 독자적인
결합체를 이루게 한다. 창작에서 결합이란 붙잡는 행위를 말한다. 단어를
결합할 수도, 사실, 재료, 소리, 동작, 공간을 결합할 수도 있다. 결합은

과정일 수도, 결과물일 수도 있다. 결합은 이 많은 것, 혹은 이 모든 것의 조합일 수 있다.

하지만 결합은 6장에서 아이디어들의 밀도 또는 결정화라고 말한 바와 같이 합쳐놓은 것, 또는 붙여놓은 것의 양적인 면만 설명할 수 있다. 언어학에서 보면 '그리고', '그러나'로 연결된 단어들, 즉 문법적 연결은 결합에 의해 합쳐진 것이다. 연결된 단어들은 의미의 맥락을 통해 결합한다. 창작에서, 양적인 것으로부터 질적인 것으로의 전환에는 일관성(coherence)이 필요하다. 일관성은 양적인 것에 의미를 합치는 것이다. 어떻게 합쳐졌는지가 그 의미를 전달한다.

일관성은 직접적이고 가시적인 인과관계, 상호의존성, 혹은 느슨한 연상 로직을 통해 만들어진 연결에서 생긴다. 이런 연결은 패턴의 인식에 의해 이루어지거나 말 그대로 창작 작업의 재료에 의해 만들어진다. 대체로 불확실하고 의심스러운 과정에서는 의미 있는 연결이 앞으로 나아가기 위해 붙잡는 난간이 된다. 협곡을 건너갈 때 붙잡는 밧줄다리의 밧줄처럼 연결된 끈을 붙잡으면 창작 과정의 한 단계에서 다음 단계로 인도될 것이다. 건축에서처럼 영화를 만들 때에도 구조적으로 합치는 것이 곧 표현하는 것이다. 스탠리 큐브릭(Stanley Kubrick) 감독의 영화 <샤이닝>의 영화적 구성은 점차적으로 압박해 들어가는 촬영술을 따른다. 영화는 방대한 풍경을 헬리콥터에서 내려다보는 팬 숏으로 보여준 뒤 오버룩 호텔을 와이드앵글 숏으로 보여주고, 이어 넓고 텅 빈 사교 공간과 라운지를 와이드앵글 숏으로 보여준다. 이런 숏과 전환을 통해 큐브릭은 광장공포증을 구조적으로 전달한다. 영화가 진행되면서 숏은 1점(화면이 하나의 소실점으로 집중되는 것을 말한다. —옮긴이) 투시원근법적 시점을 반복적으로 보여주면서 범위를 좁혀

들어가는데, 빅휠(주로 플라스틱으로 만들어지고 높이가 낮고 앞바퀴가 큰 세발자전거를 말하는데, 1970년대에 미국에서 큰 인기를 누렸다.−옮긴이)을 타고 끝없어 보이는 호텔 복도를 통과하는 소년의 시점에서 시작하여 부엌 스테인리스스틸 캐비닛들의 밀실공포증을 나타내는 이미지들을 보여주고, 이어 폭설이 쌓인 산울타리 미로 안의 가장 압축적인 단색 시야를 제시하면서 정점을 이룬다.

유추: 연상 로직을 통해 발견되는 연결

우리 인간의 뇌는 연상피질이 큰 부분을 차지하고 있어 연상 로직의 기초가 되는 이른바 '교차'가 용이하다. 대부분의 다른 포유류들의 뇌는 한 줄로 서서 양동이를 이어 나르는 것 같은 구조를 하고 있다.[7] 포유류의 뇌는 자극을 받으면 반응이 일어난다. 자극과 반응의 관계는 시간이 지나면서 반복되고 강화되므로, 그렇게 되면 인간의 뇌는 유추를 하거나 연결되어 있지 않다고 생각된 것들 간의 연결을 보려고 할 때 연상 교차를 일으킬 가능성이 줄어들게 된다.

창의적인 사람들이 인식하는 연결은 시각적 유사성, 패턴, 비슷한 유추 구조나 관계 등 여러 가지 형태를 취한다. 케스틀러는 과학자나 발명가가 획기적인 발견을 했을 때 그들의 머릿속에 존재하는 많은 유추의 예를 인용한다. 그중 하나가 일리야 메치니코프(Élie Metchnikoff, 1845−1916)의 발견이다.

러시아 출신의 생물학자이자 동물학자이며 원생동물학자인 메치니코프는 면역체계에 대한 선구적인 연구를 하여 대식세포−암 같은 질병에 대한 신체 방어에 결정적인 역할을 하는 백혈구의 일종−를 발견한 것으로 그 공을 인정받았다. 메치니코프는 대식세포가 관여하는 과정을 일컫는 식균작용에 대한 연구로 1908년 노벨 의학상을 공동 수상했다.

케스틀러는 오로지 현미경으로 이루어낸 메치니코프의 성과에 대해 다음과 같은 이야기를 들려준다.

> 메치니코프는 투명한 불가사리 유충에 있는 유동 세포의 일생을 관찰하다가 별 생각 없이 그 안에 장미가시 몇 개를 던져 넣었다. 가시는 대번에 유충에 에워싸였고, 곧 그 투명한 몸 안에서 녹았다. 즉, 삼켜져 소화되었다. 그는 이것을 보면서 사람의 손가락이 나뭇조각에 찔려 감염되었을 때 어떻게 되는지를 떠올렸다. 감염된 부위가 불가사리 유충처럼 고름에 에워싸이고, 그 고름이 침입자를 공격하고 소화시키려 하는 것이다.[8]

그는 유추를 통해 결과가 무르익기도 전에 그 가능한 결과를 '볼' 수 있었고, 추상적인 것에서 구체적인 것으로 어떻게 옮겨갈지에 대한 감을 잡았다. 메치니코프는 장미가시와 나뭇조각 사이의 연결과 그 반응들 간의 연결을 찾아냈고, 그렇게 함으로써 항체의 역할을 발견한 것이다.

케스틀러는 연상 로직 또는 유추에 대한 또 다른 예로 요하네스 구텐베르크(Johannes Gutenberg, ca. 1398−1468)를 소개한다. 구텐베르크는 탈착식 활자 인쇄기를 발명했다. 당시 인쇄기에 사용되던, 글자를 새긴 판에 종이를 대고 문지르면 종이에 그 글자가 찍히는 방식과는 다른 것이었다. 그가 그렇게 할 수 있었던 것은 다른 업계에서 사용하는 기계들을 보며 연상한 것을 인쇄업에 적용시켰기 때문이다.

구체적으로 그는 동전을 만드는 펀칭 방식과 문장의 주조 방식을 떠올렸고, 그 유추에서 활자 주조라는 아이디어를 탄생시켰다. 펀치로 찍은 동전은 양각이었으며, 여기에 문장(紋章)을 주조하는 방식을 결합했다(단일한 판을 쓰거나 새기는 방법이 아니라, 개별적으로 주조된 내용들을 합쳐놓은 것). 그러자 구텐베르크의 머릿속에서 아이디어가 탄생했다. 개별적으로 주조된 활자를 조합하여 한 페이지를 완성하는 것이다.

구텐베르크의 연상 로직, 즉 연결하기는 거기서 멈추지 않았다. 많은 주조된 활자를 문질러 한 페이지를 찍어냈지만 인쇄가 선명하지 않았다. 케스틀러는 구텐베르크가 와인 포도 수확에 참여했을 때의 결정적인 관찰에 관한 구텐베르크 자신의 말을 인용한다.

> 나는 와인이 흘러내리는 것을, 결과에서 원인으로 되돌아가는 것을 지켜보았다. 나는 어떤 저항도 불가능한 이 압착기의 힘에 대해 곰곰이 생각해보았다. …… 간단하게 그것만 대체하면 된다는 생각이 햇살처럼…… 그렇다면 해보자! 나는 신에게 비밀을 요구했고, 신은 그 비밀을 내게 알려주었다. …… 우리집에 가져다 놓은 납이 아주 많으니, 그것이 내가 글을 쓰는 펜이 될 것이다.[9]

이렇듯 주조된 문장을 연상한 것이 주조된 활자로 이어졌고 와인 압착기가 종이 인쇄기로 이어져, 구텐베르크가 탈착식 활자 인쇄기를 만들어낸 것이다.

케스틀러는 벤저민 프랭클린의 예도 들고 있다. 벤저민 프랭클린은 손가락 혹은 뾰족한 물체가 뭉툭한 물체보다 대전체(帶電體) 가까이에서 더 강한 스파크를 만들어낸다는 사실을 관찰했다. 프랭클린은 이어 구름과 대전체 사이의 유사점을 찾아냈고 번개는 전기 방출 현상이라는 결론을 내렸다. 그는 또한 뾰족한 물체가 집이나 배 위에 설치되면 구름에서 나온 전기를 끌어당겨 거기 부착된 전선을 통해 땅(집의 경우)이나 물(배의 경우)로 내려 보낼 수 있다는 사실도 깨달았다. 그렇게 하면 전기로 인한 화재를 막을 수 있었다. 피뢰침은 그렇게 만들어진 것이다.

프랭클린이 봉착한 난관은 구름을 가리킬 수 있을 만큼 높이 막대를 세워야 한다는 것이었다. 해결책은 그가 몽상에 빠져 있을 때 찾아왔다. 기억 속에 깊이 묻혀 있다가 번쩍하고 떠오른 것이다. 소년 시절에 몸에 연을 매달고 호수에 몇 시간이고 떠 있던 기억, 그렇게 부유하듯 호수를 건너간 기억이 떠올랐다. 구름을 뾰족한 것으로 방전시키기 위한 우아하고 단순한 해결책, 바로 연이었다.[10]

소명에 이끌린 연결

심리학자 제임스 힐먼(James Hillman, 1926-2011)은 저서 «영혼의 코드»에서 그가 '도토리' 또는 '다이몬'(daimon)이라고 일컬은, 청년의 삶에 대한 정의가 내려지는 이미지나 순간에 그 존재를 분명히 드러내는 영혼에 대해 말했다.[11] 그는 성격과 소명을 정의하는 것을 세 가지로 보았는데, 본성, 양육에 이어 이 다이몬을 바로 그 세 번째로 여겼다. 힐먼은 다이몬의 자기주장이 이미 존재하는 양육/본성(nurture/nature) 모형을 '교란'한다고 설명했다. 힐먼에 의하면, 종종 병의 증상이나 나쁜 행동으로 여겨지는 것은 한 개인의 존재를 위해 싸우는 다이몬이 표현된 것—자신의 개성을 찾고 형성하고 쫓아가는 직관적인 행동—이다. 이 직관은 '교습'이나 학습과 대조되며, 종종 학교의 규범이나 관행을 벗어난다.

다이몬 또는 그것이 정의되는 순간/이미지의 '소명'은, 양육/본성 결정주의라는 외적인 내러티브의 압력이나 다른 영향력에 굴복하지 않고 살아남음으로써 내면에서 계속 생존한다. 폭풍우를 일으키는 모래바람처럼, 존재하고자 하는 한 개인의 의지는 환경으로부터 촉발되고 모아진 후, 유전자 배열과 자신을 둘러싼 환경으로부터 그 형태를 갖추어나간다. 그것이 표현된 형태들 중에는 거대함도 있어서, 작은 교란이 (더 작아져 사라지지 않고) 폭풍우를 형성하듯 그것도 회오리바람이 되어 환경을 재형성한다.

우리의 이야기는 우리가 경험을 수집하고 연결하는 방법에 강력한 영향력을 미친다. 이는 우리 자신의 창의성과 우리가 우리의 삶에 대해 선택하는 것이 서로를 형성하게 하는 방법 중 하나이다.

엘리엇 워쇼(Elliot Washor)의 예가 이에 대한 영감을 불러일으킨다. 그는 창의적인 교육자로서 창의적인 연결에 대한 잡스의 생각을 자신의 일에 적용시켰다. 어른이 되어 그가 한 일에는 자신의 청소년기 경험이 창의적으로 반영되어 있다.

엘리엇 워쇼는 빅픽처 러닝의 공동 설립자이자 공동 운영자이다. 빅픽처 러닝이란 일반 학교에 잘 적응하지 못하는 학생들을 가르치는 혁신적인 교육 방법이다. 빅픽처 러닝은 미국 전체에 60개가 넘는 학교를 설립했고, 그곳의 활동은 표준화된 교육과정이나 규정 대신 학생 각자의 자기평가를 중심으로 구성된다. 워쇼가 말한다. "우리의 출발점은 학생들의 개인적인 이야기이고 우리는 그렇게 학생들의 관심사에 대해 알게 되므로, 우리 학생들은 흔치 않은 방법으로 뭔가를 만들어내고 성취합니다."[12] 학생 개개인에게 개인 멘토나 조언자가 붙어 다음 단계나 프로젝트로 이동할 수 있도록 세심하게 이끌어주고 읽기 자료를 제공해주며 학생들의 흥미에 맞는 인턴십이나 워크숍 기회를 마련해준다. 조언자 또는 멘토와 학생을 맺어주는 것은 바로 곁에서 학생의 발전을 도와줄 적합한 사람을 찾아주는 것이기에 높이 살 만한 시도이다.

내가 워쇼에게 그의 목적의식은 어디에서 나왔고, 빅픽처 러닝을 만들게 된 창의적인 불꽃의 원천은 무엇이었는지 물었을 때 그는 연결과 관련된 답을 내놓았다. 그는 자신이 학교 밖에서 더 좋은 교육을 받으려고 노력했던 경험에 대해 말했다. 어린 시절 그는 아빠와 절친했던 '갭 아저씨'와 갭 아저씨의 형제인 해럴드를 알고 지냈는데, 그들에게서 그런 교육을 받을 수 있었다고 했다. 해럴드는 유아 폐결핵을 앓았고, 어린 시절에 의사가 그의 척추 일부를 제거한 뒤로 '기형'이 되었다. "성격이 밝으셨어요." 워쇼가 말했다. "대학 졸업장도 받았어요. 그분은 일반적으로 사람들이 외면하고 싶어 하는 아이들 …… 이른바 '발달이 늦은 아이들'이 다니는 그런 학교에 들어가야만 했지요. 그는 그 사실과 싸웠습니다. 게다가 그는 아주 별난 분이었어요."

워쇼는 내게 해럴드의 원룸 아파트에 대해 말해주었다. "5천 권에서 1만 권 사이의 책이…… 천장까지 높이 쌓여 있었어요. 그것도 세 줄로 빽빽하게요. 값싼 포켓북도 있었고 고전도 있었어요. 책이 읽고 싶으면 늘 해럴드 아저씨를 찾아갔어요."

이런 연결의 경험과, 학교가 감당하지 못하는 사람들에 대해 느낀 공감이 어른 워쇼를 만들었고, 빅픽처 러닝의 탄생에 영향을 미쳤다.

"저의 그런 면이 제가 깊은 공감을 느끼는 사람들에게 연결된 겁니다."

워쇼가 그 학교를 만든 것은 그런 연결이 있었기 때문이다. 환경에서 발견되는 에너지와 재료를 흡수하며 커가는 오픈 시스템(폭풍우 또는 창작 과정)은 늘 조금씩 더 복잡해지는 정보(지각, 기억, 아이디어)의 패턴을 축적하고 있다. 이는 더 넓은 맥락에서 일어나는 작용과 반작용의 결과이다.

동시 발생: (아직) 알아내지 못한 의미 있는 연결

창작 과정에서 당신은 끊임없이 원인과 결과의 내러티브를 다시 생각하고 다시 고쳐 쓴다. 또한 그 특성들과 대화를 나누며 그 전개 과정을 주의 깊게 지켜본다. 연결을 통해 당신은 그 과정 안으로 들어간다. 연결은 당신이 어디 있고 무엇을 하고 어떤 선택을 하는지 확인해주는 역할을 한다. 연결된 형태는 인과적 관계성의 결과일 수도 있고, 인과적 연결사슬을 직관적으로 뛰어넘은 것일 수도 있다. 하지만 인과적인 설명 없이 의미를 통해 연결될 수도 있다.

활동의 시작과 멈춤, 여러 다른 과정, 그리고 여러 다른 규모가 존재하는 한 과정에서, 의미 있는 연결사슬은 강력한 힘을 발휘할 수 있다. 스위스의 심리학자 카를 구스타프 융(Carl Gustav Jung, 1875-1961)은 1920년대에 **동시 발생**(synchronicity)이라는 용어를 만들어냈다. 동시 발생이란 인과적으로 연결되지 않은, 또는 우연히 동시에 일어날 가능성이 있는 둘 이상의 사건 경험을 말하는데, 그 일이 일어날 때에는 동시 발생이 의미를 맺는 방식으로 경험된다.

동시 발생의 개념이 인과관계가 존재하지 않는다는 주장은 결코 아님을 주지해야 한다. 융이 주장하는 바는 원인을 중심으로 모을 수 있는 사건들도 있지만 의미를 중심으로 모을 수 있는 사건들도 있다는 것이다.

융은 어떤 사건들이 동시에 발생할 때 마음속에 일어나는 일을 설명하기 위해 **지적 직관**(intellectual intuition)이라는 용어를 사용했다. 그 말이 적어도 부분적으로는 하얀 여왕이 앨리스에게 한 말의 의미를 설명할 수 있지 않을까 한다. "뒤로만 작용하는 기억은 불쌍한 기억이야."[13] 아닌 게 아니라 융은 루이스 캐럴이 쓴 이 특별한 문장을 즐겨 인용했다.

동시 발생은 강력하고 의미 있게 연결된, 동시에 일어난 사건이다. 그렇다면 앞쪽으로 작용하는 기억은 어떤 기억인가? 융은 다음과 같이 설명했다.

> 깊이 각인된 인과관계의 지배력에 대한 신념은 지적인 곤란을 일으켜, 인과적이지 않은 사건이 존재한다는 사실, 또는 존재할 수 있다는 사실을 생각조차 할 수 없게 만든다. 하지만 인과적이지 않은 사건이 정말로 일어난다면 우리는 그 일을 창의적인 행위로, 그리고 아득한 옛날부터 영구히 존재하고 간헐적으로 반복되며 이미 알려진 어떤 선행 사건에서도 비롯하지 않은 하나의 패턴의 연속적인 창조로 볼 수 있어야 한다.[14]

독일의 철학자 아르튀르 쇼펜하우어(Arthur Schopenhauer, 1788-1860)에 따르면 "우연은 인과적으로 연결되지 않은 사건들이 동시에 일어나는 것이다." 그는 이렇게 말한다.

우리가 순차적으로 진행되는 인과관계의 연결사슬을 둥근 구 위의 자오선으로 시각화한다면, 동시에 발생하는 사건들은 평행한 위도의 원들로 나타낼 수 있을 것이다. …… 따라서 한 사람의 인생에서 일어나는 모든 사건은 근본적으로 다른 두 종류의 연결에 들어간다. 첫 번째는 자연스러운 과정으로 나타나는 객관적이고 인과적인 연결이다. 두 번째는 주관적인 연결인데, 이는 그것을 경험하는 개인에 관련해서만 존재하고, 따라서 개인의 꿈만큼 주관적이다. 전개되는 내용은 필연적으로 결정되지만 그 방식은 연극에 비유하자면 연극 속 장면들이 시인의 플롯에 따라 결정되는 방식과 같다. 두 종류의 연결이 동시에 존재한다는 것, 하나의 동일한 사건이 두 개의 완전히 다른 연결사슬을 잇는 하나의 고리일 뿐이더라도 두 개의 범주 모두에 들어간다는 사실 …… 그리하여 모든 것은 서로 연관되고 상호 조율된다.[15]

내 생각에는 창작 과정에서 우리가 하게 되는 연결도 쇼펜하우어의 자오선과 유사한 궤도를 따르는 것 같다. 그 연결은 어떤 분야의 기존 패러다임이나 문제 안에 존재하는 기존 논리의 궤도를 따라 몇 도 더 나아간 곳에서 일어날 수 있다. 아니면 애초에 따라가고 있던 것과 다른 논리 궤도, 즉 처음의 논리 궤도와 우연히 교차하는 다른 분야의 논리 궤도에서 몇 도 더 나아간 곳에서 나타날 수 있다.

케스틀러는 자신의 '이중연상 로직'(bisociative logic)에서 이를 언급했고, 이것이 모든 창의성과 함께 움직인다고 믿었다. (케스틀러는 그것을 각각의 수평면에 있는 두 개의 선이 교차하는 것으로 보았다.) 이중연상 로직은 서로 다른 두 논리의 교차를 지각하는 데서 생기는 관념화이다. 교차라는 사건은 하나의 연상 맥락에 연결되는 것이 아니라 두 개의 연상 맥락과 이중으로 연결되는 것이다.

케스틀러는 위에서 소개한, 케플러가 물리적인 힘과 운동에 관한 의문을 당시 천문학에 지배적이던 기하학 연구에 적용시킨 예를 활용하여, 이렇듯 사고의 새로운 패러다임을 만들어냈다. 나는 케스틀러의 이중연상 로직 모형에 한 마디 더 보태고 싶은데, 그것은 이 모형이 창작자의 주관을 따르고 창의적인 발견에서 결정적인 역할을 한다는 것이다. 이는 동시 발생의 경험과 다르지 않다. 당신의 삶의 궤도가 당신이 참여하는 창작 작업의 궤도와 교차할 때 그것은 (당신의 주관적인 견해에서) 인과관계를 따르지 않는 일을 발생시키고 그 일이 당신을 새로운 영역으로 도약하게 만든다.

내가 제안하는 모형의 기하형태는 쇼펜하우어의 자오선과 케스틀러의 교차면과도 비슷하지만, 폭풍우의 물방울들이 그리는 다중 궤적들이 서로 교차하는 형태와 더 비슷하다. 물방울 각각은 저마다의 인과적인 경로를 따라 이동하면서 기압과 온도의 영향을 받아 상승하거나 하강하고 다른 물방울과 합쳐진다. 이어, 강력한 저기압의 작용 속으로 끌려 들어가는데, 이때 단호히 자기 길을 가는, 연결과 충돌로 이루어진 나선형 엔진 속으로 많은 인과적 궤적들을 데려간다.

주관적인 궤적의 역할은 작지 않다. 분리된 궤적들의 통합을 깨닫는 경험은 동시 발생의 경험과 아주 비슷하다.

우드워드가 모래밭에 손가락으로 선을 그었을 때 그 행동은 "유레카!"를 외치는 깨달음을 가져왔고, 그것이 바코드의 발명으로 이어졌다. 하지만 그런 깨달음이 가능했던 것은 그가 보이스카우트로 활동하던 시절에 모스 부호를 배웠기 때문이었다. 그는 손가락으로 그은

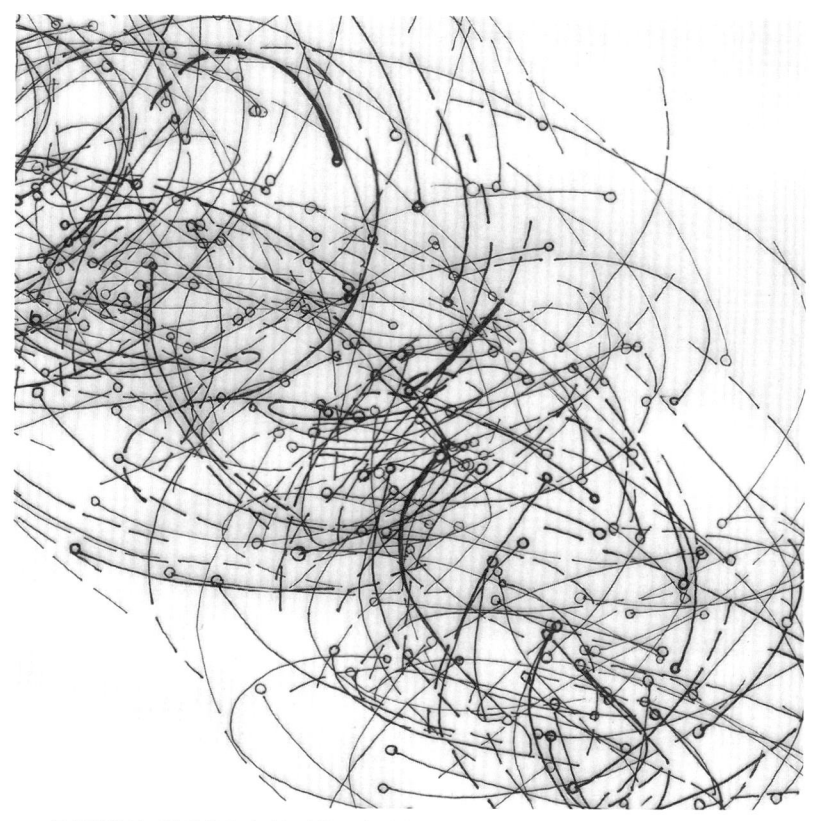

동시 발생의 기하형태를 가진 물방울들의 궤적.

선에서 부호의 논리를 인식했다. 우드워드의 경우처럼 당신의 주의를 끄는 의미 있는 사건은 당신에게 놀라움을 일으키고, 이어 다른 사람들은 보지 못한 것에 주목하게 만든다—창의적인 발견이 일어나는 것이다. 그것은 동시 발생하는 사건들을 경험할 때와 같은 신기한 느낌을 준다. 나는 그 두 가지가 기본적으로 동일하기 때문에 그렇다고 생각한다.

동시 발생은 우리의 감각 풍경에 나타나는 사건의 경험일 수 있는데,

그 풍경은 우리의 무의식이 '앞서 보았던' 것이다. 따라서 직관이나 통찰을 확증하는 감각일 수 있다. 연결은 앞선 무의식 속의 사고나 감각들 사이에서 만들어지며, 감각 영역에서 관찰하고 발견한 것에 의해 확증된다. 그것이 의식 영역의 일부가 되는 것은, 의식 속의 연결이 그것을 끌어내서 활동하도록 만들었기 때문이다. 두 궤도의 과정들이 다시 교차한다. 이 두 궤도는 우리가 주목하지 못했거나 잊어버렸을지 모르는 감각적 입력에서 나온 무의식적 과정들의 궤도와, 의식적인 사고 과정의 궤도다. 동시 발생하는 사건의 '논리'는 의식적인 마음으로는 보이지 않거나 알 수 없는 것인지도 모른다.

클레가 그림을 그리는 바탕이 되었을 대상(7장 참조)에 존 슈뢰더의 '생각이 흘러갔을' 가능성을 주목할 만하다. 존도 나도, 내가 이야기를 나눠본 몇몇 바우하우스 학자들도 클레가 실제로 그와 유사한 대상을 보고 그 그림을 그렸을 수 있다는 사실에 대해서는 알 방법이 전혀 없기 때문이다. 우리의 인식 범위 밖에서 작업을 하면 그런 굉장한 통찰력이 생긴다. 다르게 말하면 통찰은 존의 주관적인 무의식에서 비롯했다.

우리는 신비로움, 놀라움, 경이에서 오는 확장감을 느낄 수 있는데, 어떤 아이디어를 떠올릴 때 사고의 다양한 궤적들이 충돌함을 느끼는 것과 매우 비슷하다. 그것은 우리의 관점이 여러 갈래의 대로로 확장되었기 때문에 느끼는 확장감이다.

우리 모두는 이전에 인식되지 않은 연결에 대해서는 거부하기 쉽다. 그런 연결은 비논리적이고 의미가 통하지 않고 잘 들어맞지 않는다고 생각한다. 사고의 매트릭스는 우리의 의식 속에서 긴 시간에 걸쳐 단단하게 짜여 나가기 때문에 기존 매트릭스에 잘 들어맞지 않는 연결은 잘못된 것으로 여긴다.

우리는 우리가 붙잡고 있던 어떤 프로젝트에 대한 의도나 우리가 아직 모르는 것을 알고 싶은 욕망, 창작을 성공적으로 해내고 싶은 의지를 내려놓을 필요가 있다—풍부한 무의식의 자원에 예상치 못했던 연결을 이루어낼 자리를 만들어주기 위해서는 적어도 잠시 멈추거나 휴식을 취할 만큼의 시간이 필요하다. 이것이 다음 장의 주제다. 이제 잠시 멈추는 것이 어떤 역할을 하는지 알아보자.

폭풍우의 중심에서 바라보기 9.

9
잠시 멈추기

창작 과정에는 잠시 빠져 나와 멈추는 '단계'도 있다. 이 또한 창의성의 요소이다. 폭풍우도 마찬가지다. 폭풍우가 지나가면서 그 세력이 약해지고 각기 다른 규모로 흩어지는데, 그 규모는 호우세포(storm cell, 호우를 형성하는 구름대 속의 작은 구름덩이.-옮긴이)의 규모에 따라 달라진다. 폭풍우는 바다를 건너가다 멈추어 수분과 힘을 모으고 다시 이동하면서 그것을 방출한다. 창작 과정도 비슷하다.

이 멈춤의 행위는 여러 형태로 존재할 수 있는데, 품고 있기, 발효 작용, 마음의 방황, 기분 전환, 다시 시작하기를 위한 단념 등으로 여겨진다. 멈춘다는 것은 무의식의 세계로 후퇴하는 것일 수도 있다. 바짝 붙어 있던 과정으로부터 거리를 두고 떨어지는 것이다.

아다마르(Hadamard)가 선택한 개념은 '품고 있기'다. 그는 이렇게 말했다. "'품고 있기'는 앞서 잘못 나아가던 것을 지우고 가정(假定)을 흔들어 그 문제에 대해 '오픈마인드'로 접근하는 것이다. 이를 망각가설이라 부를 수 있다."[1]

잠시 멈추기의 효과는 어떤 과정을 중단할 때 가속도에 제동이 걸리면서 경험하게 되는 마이너스 압력에서 나온다. 엘리엇은 글을 쓰는 경험에 대해, 그가 병에 걸렸을 때 느꼈던 시의 신비로운 분출과 유사하다고 말했다. 쏟아져 나오는 시에 대해 그는 이렇게 썼다.

> 쏟아져 나오는 시는 오래 알을 품은 뒤…… 같은 인상을 준다. 하지만 우리는 알 속의 것이 껍데기를 부수고 나올 때까지는 무엇이 품어졌는지 모른다. 이런 순간의 특징은, 우리가 인식조차 할 수 없게 우리 일상을 아주 지속적으로 억압하던 불안과 두려움의 무게가 갑자기 덜어지는 것인데, 나는 이런 순간에 일어나는 일을 마이너스 방향의 것이라고 생각한다. 다시 말하면, 그것은 우리가 흔히 생각하는 '영감'이 아니라, 강한 습관의 장벽이 무너지는 것이다 – 이 장벽이 재형성되는 시간은 매우 빠른 것 같다. 어떤 장애물은 순식간에 제거된다. 그에 수반되는 감정을 우리는 긍정적인 즐거움으로 알고 있겠지만, 그보다는 참을 수 없는 무게가 덜어졌을 때 갑자기 찾아오는 안도감과 같다.²

당신의 멈춤은 다른 어떤 사람의 멈춤과도 같지 않다. 당신 자신의 멈춤도 순간순간 다 다를 수 있다. 당신이 멈춘다면 여행을 떠날 때나 몸져누웠을 때처럼 뭔가 다른 일이 생겼기 때문일 것이다. 그럴 때 당신은 창의적인 노력에서 벗어나 빨래를 한다든가 커피숍에서 음료수를 마신다든가 뭔가 다른 일을 하겠다고 마음먹을 수 있다. 그렇게 함으로써 아이디어가 꽃을 피울 시간이 생기는 것이다. 우드랜드는 해변으로 갔다.
《이상한 나라의 앨리스》의 작가 루이스 캐럴은 1906년에 〈마음 키우기〉라는 제목의 에세이에서 멈추기를 음식물 씹기에 비유했다.

그렇다면 먼저 우리는 우리 마음에 적당한 음식을 공급하겠다는
마음을 먹어야 한다. ……
    그리고 나면 몸에 좋은 이 음식을 적당량만큼 섭취할 수 있게 신경
써야 한다. 정신적인 포식, 혹은 지나친 독서는 소화력을 부실하게
만들 위험이 있고, 경우에 따라 식욕까지 잃게 만든다. ……
    마음의 양식을 적당한 종류와 적당한 양으로 다양하게 먹기로
했다면 매 끼니 사이의 간격이 적절하게끔 주의를 기울여야 하고,
씹지 않고 급하게 삼키는 일은 없도록 해야 한다. 그렇게 해야 완전한
소화가 된다. 그 두 가지 규칙은 몸에도 적용되는 만큼 마음에도 바로
적용될 수 있다.[3]

어쩌면 당신의 마음은 방황을 할 것이고, 당신은 몽상에 빠질 것이다.
'몽상의 아버지'로 잘 알려진, 예일 의과대학 심리학 분야의 명예 교수인
제롬 싱어는 이 주제로 광범위한 저작을 남겼다. 그는 자신이 규정한
몽상의 한 '패턴'을 '긍정적이고 생생한 몽상'이라고 이름 붙였다. 이는
창작 과정에 활기를 불어넣는 몽상을 말한다. '행복한 몽상가'라는
별칭이 붙은 싱어는 그 패턴이 "몽상에 대한 양성 반응, 몽상의 수용,
몽상의 시각적 이미저리(imagery), 몽상의 청각적 이미저리, 미래
지향적인 몽상, 그리고 상호교류적인 호기심에 관한 척도 들과 그밖에도
관념적인 흥미, 능동적으로 생각하는 삶, 그리고 문제 해결을 위한 몽상
활용을 제안하는 척도 들에서 높은 점수를 받는 특징을 보인다."[4]라고
기술한다. (싱어는 다른 두 개의 몽상 패턴-'불안하고 주의 산만한
몽상'과 '죄의식과 부정성이 깃든 정서의 몽상'-도 구분했지만, 그가
이를 쓸모 있는 자원으로 보지 못했다는 사실은 흥미롭다.)

표면적으로 잠시 멈춘다는 것은 작업을 멈추는 것이다―하지만
이 멈춤이 창작 주기가 중단되는 것을 의미하지는 않는다. 지치거나
스트레스를 받으면 오래 멈춰도 괜찮다. 페이지를 넘길 때 고개를 드는
것만으로도 잠시의 휴식이 된다. 재료나 서식, 언어나 접근법을 바꾸면서
긴 휴식을 취할 수도 있다. 이와 마찬가지로 어떤 행동이나 분야, 학문을
버리고 떠나면서 오랜 시간 멈출 수도 있다.

   4장에서 소개한 디크레디코는 종종 자신의 그림을 찢었고,
학생들에게도 그렇게 하라고 가르쳤다. 그는 자기 작품이 너무 뻔하다고
느껴지면 스스로 사보타주를 함으로써 창작 과정에서 일부러 떨어져
나왔다. 가속도가 붙은 작업에서 의식적으로 떨어져 나온다는 것은
'자동적인' 사고(예컨대 선입관)에서 자신을 떼어낸다는 의미이다.
한번은 그가 학생들에게 샤워 중 자화상을 그려오라고 했다. 한 사람을
제외한 모든 학생들이 샤워 중인 자신의 모습을 재현했다. 샤워할 때
종이와 목탄을 들고 가서 물이 종이 위로 흘러내리는 동안의 자화상을
그린 학생은 단 한 명이었다. 디그레디코가 학생들에게 낸 과제는 내가
학생들에게 쓰는 교육 전략과 다르지 않다. 그것은 종종 발견을 억누르는
의도를 탈선시키는 것이다. 도전을 받아들인 학생은 그 과제에 대한
일반적인 해석을 파기하는 모험을 감행했다. '샤워 중'이라는 말은 무엇을
묘사할지에 대한 것이 아니라, 그 과정과 직면하라는 말이었다.

   잠시 멈춘다는 것을 앞서 논의한 창작 과정의 다른 단계들과는
반대되는 것으로 생각할 수도 있다. 연결하지 말고 끊어보라. 당신이
뭔가를 뒤쫓지 말고 당신이 찾거나 뒤쫓고 있는 그 아이디어, 그 대답,
그 통찰이 당신을 뒤쫓게 하라. 모으지 말고 놓아주라. 주의를 기울이지

말고 다른 곳을 보라. 밀고 나아가지 말고 현재의 동작을 멈추라. "하룻밤 자면서 생각하라."

나는 잠시 멈추는 것을 이미 만들어진 틀의 바깥을 보는 기회, 창작 과정에 새로운 자극을 일으키는 기회, 또 다른 아이디어를 촉발하는 기회로 본다. 이는 논리적인 결정만 자꾸 내리는 반복적인 트랙에서 한 걸음 비켜서는 기회가 된다. 그것은 구체적인 것으로부터 당신을 자유롭게 하고 추상적인 것을 다시 들여놓는다. 이는 이전에는 없던 연결을 통해 지금 작업 중인 것을 전환하는 계기가 될 수 있다. 얼마나 오래 걸릴지는 모르지만 그 시간만큼 멈춤으로써 의욕에 넘치는 손아귀의 힘을 풀어 좀 더 열리고, 좀 더 오픈마인드가 된다.

로자몬드 E. M. 하딩(Rosamond E. M. Harding, 1898–1982)은 저명한 음악학자이자 음악사가로, 그녀가 피아노의 역사에 대해 쓴 책은 그 분야의 가장 중요한 저술 중 하나로 손꼽힌다. 1942년에 그녀는 «영감의 해부»(An Anatomy of Inspiration)라는 제목의 책을 펴냈다. 그 책에서 그녀는 잠시 멈추는 것에 대해 말한다.

무르익을 수 있게 잠시 치워두는 것의 장점은 많다. 그중 하나로, 그렇게 하면 본격적으로 가동하기 전에 판단할 시간을 벌 수 있다. 또한 종종 하던 일로 새로운 관점을 지닌 채 되돌아갈 수 있고, 그렇게 함으로써 다양한 각도에서 그 일을 검토할 수 있다. 또한 새 아이디어들은 발전할 수 있도록 잠시 밀쳐두고 새로 완성된 작품은 '무르익을' 수 있도록 내버려둔다면, 여러 개발 단계의 몇 가지 일을 동시에 하게 된다. 한편으로 이 멈춤이 주는 휴식 덕에 주의가 지속되는 시간은 의도적으로 짧아지고 방해를 받게 된다. 조지프 톰슨 경에 따르면 새로운 아이디어는 '마음이 방해를 받지 않고 한 주제에 너무 오래 머물지 않을 때 더 자유롭게 나타나'는데…… 이는 한편으로 변화가 주어짐으로써 아이디어들이 생산적으로 결합될 수 있기 때문이다. 특히 과학 분야에서는 한 가지에서 다른 것으로의 전환이 더 유리하게 작용할 수 있다는 데에 의심의 여지가 없다. 발견은 종종 과학의 한 분야가 다른 분야에 적용될 때 일어나기 때문이다. 그 예로 전기가 화학에 연결되어 사용된 것을 들 수 있다.[5]

잠시 멈춤에서 무엇보다 중요한 것은 일단 아무것도 받아들이지 않는 것, 그런 다음 뭔가를 받아들이는 것이다.

폭풍우의 중심에서 바라보기 10.

10
계속하기

북아프리카 사하라 사막의 보델레 데프레션의 '모래'는 주로 고대 내해(內海)에 떠다니던 말라버린 플랑크톤의 사체로 구성되어 있다. 특히 규조류의 규소 사체로, 이는 오늘날 식물성 플랑크톤, 즉 광합성을 통해 먹이를 섭취하는 플랑크톤의 주된 유형인 해조류의 무리를 말한다. 이 플랑크톤은 대양의 먹이사슬의 기저에 있고, 또한 이 세상의 주된 산소 공급원이기도 하다. 플랑크톤은 광합성을 통해 이산화탄소를 산소로 전환시킨다. 플랑크톤은 우리 지구의 허파에 해당하고, 보델레 데프레션은 쉽게 부서지는 사체가 두껍게 쌓인 거대한 묘지라 할 수 있다.

오전 아홉 시, 열 시경 북아프리카에서는 바람이 사막을 가로지르며 종종 거세진다. 이 바람이 규조토로 뒤덮인 사막을 휘젓고, 휘저어진 이 모래는 점점 커져 대략 사흘에 한 번 꼴로 사하라의 모래폭풍이 된다. 규조류의 사체는 바람에 쉽게 부서지고, 부서진 사체는 고운 먼지입자가 되어 날아간다. 이것이 연쇄반응을 일으켜 대서양까지 이동하는 모래폭풍을 일으키는 것이다. 대류의 흐름이 이 규조류의 사체를 구름 속으로 데려가고, 이 사체는 종종 바다에 비로 떨어져 살아있는 플랑크톤의 먹이가 된다. 규조류는 철과 인이 풍부한 영양소이다.

바람은 거세지면서 규조류 사체를 페루의 우림 지대까지, 대서양 8천 마일을 건너 서쪽으로 건너 데려간다. 거기서 규조류는 날마다 내리는 비의 물방울에 녹아들어 정글 초목의 먹이가 된다. 녹지 않은 규조류는 우림 지대의 바닥에 떨어지고, 그렇게 침전물이 되어 강물 속으로 흘러든다. 이어, 바다로 흘러간 뒤 부유하고 있는 또 다른 플랑크톤의 먹이가 된다.

모래가 사하라 사막에서 대서양을 건너 아마존으로 이동한 뒤 바다에서 다량의 플랑크톤을 생산하는 그 엿새 동안의 여정을 위성 영상에서 볼 수 있다. 일주일이 채 안 되는 기간에 죽음에서 생명이 탄생되는 주기가 방대한 규모로 만들어진다. 이는 곧 고대의 깊은 해저로부터 바다를 뒤덮는 구름에 이르는 주기이며 동쪽에서 서쪽으로 흘러가는 주기, 건조한 사막에서 습한 우림 지대로 이동하는 주기이기도 하다.

창작 과정에서 멈추고 버리고 단념하고 죽음으로써 얽매인 것을 풀어주는 전환도 이와 같다고 할 수 있다. 이 과정 또한 삶에서 죽음으로, 죽음에서 다시 삶으로 환원하는 주기이기 때문이다.

플랑크톤 사체를 데려가 생명을 탄생시키는 상태로 바꾸어놓는 대류처럼, 직관도 깊은 무의식에서 샘솟는다. 직관은 우리의 인식 너머에서 어떤 것에도 얽매이지 않은 연상 로직에 의해 밀고 나아가, 빛을 발하는 영감과 더불어 나타난다. 생각의 묘지에서 형태가 나타나 절차, 분야, 방법의 경계를 뛰어넘는 새로운 연상과 연결이 생긴다.

직관은 무의식에서 느닷없이 불쑥 나타나 약간의 교란을 일으킨다. 케스틀러는 이렇게 말한다.

창작 행위에서 무의식적 과정의 개입은 기능의 자동화와는 아주 다른 현상이고, 우리가 영감의 원천을 인식하지 못하는 것은 구두끈을 묶거나 타자기로 편지를 쓰는 동안 우리가 어떤 행동을 하고 있는지 인식하지 못하는 것과는 아주 다른 수준의 것이다. 여기 서술한 것은 숙련된 테크닉을 통제함으로써 일어나는 하향의 강등과정이지만, 창작 행위에는 마음의 알려지지 않은 비옥한 지하 층위들에서 솟구쳐 오르는 상향의 움직임이 존재한다.[1]

시작

시작의 규모는 한 프로젝트가 착수될 때의 규모이다. 한 프로젝트 안에서도 새로운 전략을 시도할 때, 혹은 하나의 작업을 끝낸 뒤나 한 가지 작업이 고갈되었을 때 새로운 시작이 나타난다. 시작은 하나의 주기에 착수할 때마다 여러 규모로 나타난다. 한 과정이 진행되는 중에 그 과정 안에서 하나의 행위에 해당하는 규모로 존재하는 시작도 있다. 예를 들면 한 가지 재료를 사용하는 것에 지쳐 다른 재료를 써본 뒤에 시작이 나타날 수도 있다. 새로운 시작은 한 개인이 만드는 것일 수도 있고, 한 개인의 작업과 또 다른 개인의 작업 사이에, 공통 목적을 추구하는 한 집단과 다음 집단 사이에 나타날 수도 있다.

하지만 시작에 앞서는 것은 잠시 멈추기, 시간을 흘려보내기, 기분 전환, 완성, 파괴, 그리고 죽음이다. 매달려 있던 것에서 떨어져 나온다. 집중했던 것이 끊어지고, 목적이, 활동이 중단된다. 시작은 그런 잠시 멈추기, 기분 전환, 죽음, 마음의 방황, 끊어진 연결 상태에서 다시 찾아온다. 과정이 끊어지는 것을 받아들이게 되고, 딴 곳을 바라보는 것을 인정하게 된다.

그것은 안녕이라고 말하고 가버리는 것과 같다. 가끔은 환멸을 느껴서, 혹은 지치거나 지겨워서, 혹은 자꾸 같은 자리만 맴돌아서, 혹은 단념해버려서 떠난다. 그리고 나면 부정적인 압박감, 분리감, 허무가 찾아온다. 나는 이것이 다시 시작하는 것에 있어 가장 중요한 점이라고 생각한다. 아무것도 없는 느낌, 기대는 없지만 고요하다. "안녕," 작별 인사를 하고 떠나버린다. 잘 가라고 말한다. 다시 시작한다는 것은 작별 인사를 한 뒤에 마주하게 되는 어떤 것이다. 이 고요한 상태에서 미처 깨닫기도 전에 시작은 (다시) 온다—뭔가가 조용히 아무런 예고 없이 나타난다.

그 순간은 사하라 사막에 부는 바람처럼 약간의 흔들림과 함께 시작된다. 이어 뭔가가 조용히 우리의 시선을 붙든다. 우리가 주목하게 된 그 조용한 뭔가는 우리를 잠시 멈추기 상태에서 빠져나오게 하여 이전에 집중하고 있던 것에서 시선을 돌려 다른 곳을 보게 한다. 당신의 주의는 하루 종일 다른 데 쏠려 있었기 때문에, 이 인식의 순간은 거의 알아챌 새도 없이 일어난다. 그것은 창작 과정의 이전 단계인 조용히 떠나 있는 시간에 수반되는 잠시 멈추기, 침묵, 죽음, 허무함으로부터의 미약한 흔들림일 수 있다. 이것이 창작 과정에서 비생산적으로 여겨질 수도 있겠지만, 그것에는 저 나름의 역할이 있어서 침묵을 깨고 무의식적인 마음을 흔들어 새로운 방향으로 나아가게 한다. 그것은 처음에는 주목할 만한 것이 아니다가 점차 뭔가의 시작이 된다. 이번이 처음인 것처럼 뭔가를 다시 인지하거나 다시 생각하게 된다는 점에서 진정한 재인식 사건이다.

그렇게 되면 완전히 새로운 계열의 사고나 작업을 하게 될 수도 있고, 애초에 추구하던 것을 다시 다른 관점에서 추구하게 될 수도 있다. 이는 다른 규모의 시작들이다. 이 시작들은 창작 주기를 여러 규모로 증대시킨 것이다. 이 시작들의 주기는 작업 속에 내재한다.

다시 시작하기 또는 재시작

앙리 푸엥카레(Henri Poincaré, 1854-1912)는 프랑스의 수학자이자 이론물리학자로, 수리물리학, 천체역학, 순수 수학과 응용 수학 등—나중에는 보형함수라는 명칭을 얻은 푸크시안 함수(독일 수학자 Lazarus Fuchs의 이름을 딴 함수.—옮긴이)를 포함하여—여러 분야에서 중요한 기여를 했다. 그가 다른 활동에 몰두하고 있을 때 아이디어가 어떻게 그를 찾아왔는지에 대한 이야기는, 작업에 집중하다 잠시 휴식을 취할 때 아이디어가 어떻게 떠오르는지를 보여주는 잘 알려진 예다. 길게 인용할 가치가 있다.

15일 동안 나는 내가 푸크시안 함수라고 명명한 것과 같은 함수는 없을 것임을 증명하려고 애썼다. 그때 나는 그야말로 아무것도 모르는 백지상태였다. 매일 나는 작업대 앞에 한두 시간 가만히 앉아 있으면서 수많은 조합을 해보았지만 어떤 결과에도 이르지 못했다. 어느 저녁 나는 평소 습관과는 달리 블랙커피를 마신 탓에 잠을 이룰 수가 없었다. 아이디어가 뭉게뭉게 떠올랐다. 아이디어들이 충돌하는 것이 느껴졌는데, 그 아이디어들이 마침내 짝을 이루어 맞물리면서 안정된 조합을 이루어냈다. 다음날 아침에 나는 일종의 푸크시안 함수의 존재를 입증할 수 있었다. 그것은 초기하급수에서 나왔다. 내가 할 일은 그저 결과를 쓰는 것이었고, 몇 시간밖에 걸리지 않았다.
  그렇게 하자 이 함수를 두 급수의 몫으로 나타내고 싶다는 생각이 들었다. 이 생각은 온전히 의식적이고 의도적인 것이었다.

타원함수와의 유사점이 나를 이끌고 나아갔다. 나는 이 급수가 존재한다면 어떤 속성을 가져야 할지 자문했고, 어려움 없이 세타푸크시안(theta–Fuchsian)이라고 명명한 급수를 만들어낼 수 있었다.

바로 그때 나는 그 당시 거주하고 있던 캉(프랑스 북서부 노르망디 지방에 위치한 칼바도스 주의 주도.-옮긴이)을 떠나 광업대학의 후원으로 지질조사를 떠나게 되었다. 여행이 가져온 변화 덕에 나는 수학에 대한 고민은 잊을 수 있었다. 쿠탕스에 도착한 뒤 우리는 어딘가로 이동하는 버스에 올라탔다. 계단에 발을 내려놓은 순간 한 가지 아이디어가 떠올랐는데, 이전에 생각하던 것에서 파생된 아이디어 같지는 않았다. 내가 푸크시안 함수를 정의하기 위해 사용한 변환은 비 유클리드 기하학의 변환과 동일한 것이었다. 그날 나는 그 생각을 입증하지는 못했다. 버스에 올라타 자리를 잡으면서 다른 사람과 하던 대화를 계속해야 했기 때문에 그럴 시간이 없었던 것이다. 하지만 더없는 확신을 느꼈다. 캉으로 돌아온 뒤, 양심적으로 말해서, 나는 시간 날 때마다 천천히 그 결과를 입증해나갔다.

그러면서 몇 가지 산술 문제를 연구해보기도 했지만 큰 성과는 없었고 앞서 했던 연구와 어떤 연관성이 있을 것 같지도 않았다. 실패가 지긋지긋해진 나는 바닷가로 가 며칠을 보내면서 다른 생각을 했다. 어느 아침 해안 절벽 위를 걷는데, 간명함, 갑작스러움, 즉각적인 확신이라는 동일한 특성과 함께 아이디어가 떠올랐다. 부정(不定) 삼변수 이차형식의 산술 변환은 비 유클리드 기하학의 그것과 동일하다는 생각이었다..

나는 캉으로 돌아와 이 생각을 잘 조율하여 결과를 추론했다. 그 이차형식의 예는 초기하급수에 대응되는 것이 아니라 푸크시안 함수라는 것을 보여주었다. 즉, 그 당시에 내가 알고 있던 초기하급수 이론이 아니라 세타-푸크시안 함수 이론을 이차형식에 적용하면 된다는 사실을 깨달았다. 당연히 나는 이 모든 함수를 만들기 시작했다. 나는 체계적으로 과감하게 접근했고, 그 사이 알아낸 모든 결과를 하나씩 정리해나갔다. 하지만 여전히 한 가지 문제가 남아 있었는데, 그것만 풀리면 전체가 해결될 수 있었다. 하지만 내가 어떤 노력을 기울여도 처음에는 더 어려워지기만 했다. 그건 정말 힘든 일이었다. 이 모든 노력은 전적으로 의식적인 것이었다.

그러던 차에 나는 군 복무를 위해 몽발레리앙으로 떠났다. 내가 하는 일이 아주 많이 달라졌다는 말이다. 어느 날 길을 걷다가 갑자기 그 어려운 부분에 대한 해결책이 떠올랐고 나는 걸음을 멈추었다. 내가 즉시 그 문제를 탐구하기 시작한 것은 아니었고, 군 복무를 마친 뒤에야 그 문제를 집어 들었다. 이제 내가 구할 수 있는 것은 다 구했으니 그저 정리하고 합치기만 하면 되었다. 그래서 어려움 없이 단번에 최종 연구 논문을 써내려갔다.[2]

푸엥카레가 기술하는 것은 본질적으로, 하고 있던 일을 놓고 기분 전환을 할 때 나타나는 재시작에 관한 것이다. 뭔가를 찾으려고 너무 깊이 몰두한 상태라면 다른 뭔가를 놓칠 수도 있다. 기분이 전환된 상태는 새로운 마음이 나타날 수 있는 상태다.

푸엥카레의 경험은 3장에서 다룬 파인먼의 접시 이야기와 같은 것이다. 파인먼도 기분 전환에 적합한 카페테리아라는 환경에서 머리를 식히고 있을 때 문제를 해결했다―그리고 그 해답이 그에게 노벨상을 안겨주었다.

망각과 '실패'로부터 다시 시작하기

아마 «장미의 이름»을 읽었을 것이다. 이탈리아의 기호학자 움베르토 에코(Umberto Eco, 1932~2016)가 쓴 베스트셀러 소설이다. 그 책에는 소실된 아리스토텔레스의 «시학» 제2권의 내용이 담긴 수수께끼 원고가 등장하는데, 그 원고에는 독이 묻어 있어 누구든 그 책을 만지는 사람은 죽음을 맞게 된다. 에코는 그 수수께끼 같은 원고에 대한 물리적인 묘사가 자신이 어렸을 때 샀던 책-잊고 있다가 나중에 집에서 찾아냈다-덕에 가능했다고 말한다. "하지만 그 페이지들은 내 내면의 카메라로 찍혀, 독이 묻은 그 페이지들의 이미지는 내 영혼에서 가장 멀리 떨어진 어딘가에 수십 년 동안 무덤 속엔 듯 묻혀 있다가, 마침내 (이유는 모르지만) 다시 나타났던 것이다. 그때까지 나는 내가 그 부분을 내 머리로 지어낸 것이라고 믿고 있었다."[3]

이어, 에코는 그 책이 어떻게 그런 영감을 주게 되었는지에 대해 더 자세히 설명한다. «장미의 이름»을 출간한 이후의 일에 대해 그는 이렇게 썼다.

나는 도서관 사서들이나 도서 수집가들과 더 자주 연락을 취했다. (내 마음대로 쓸 수 있는 돈이 조금 더 많아졌기 때문이었다.) 나는 희귀도서의 단골 수집가가 되었다. 이전에도 고서를 구입한 적이 있었지만, 이런저런 기회에 우연히 아주 값싼 책이 눈에 띄었을 때뿐이었다. …… 내가 제대로 도서 수집가가 된 것은 십 년밖에 되지 않았고, '제대로'라는 말은 전문적인 카탈로그를 참조하고 모든 책에 대한 전문적인 정보 파일을 기록에 남긴다는 것을 의미한다. 누락된

페이지는 없는지와 이전 판과 다음 판의 연혁, 책의 보존 상태에
대한 정확한 기술이 포함되어야 한다. 이 마지막 작업에는 전문적인
용어가 필요한데, 황변, 갈변, 물 얼룩, 오염, 젖은 뒤 마르면서
빳빳해진 낱장, 잘려나간 여백, 지운 흔적, 재제본, 마모된 접합부
등이다.

어느 날 내 집 서재의 위쪽 선반을 살피다가 《아리스토텔레스의
시학》을 발견했다. 1587년 파도바의 안토니오 리코보니가 주석을 단
것이었다. 내게 그 책이 있다는 사실조차 잊고 있었는데……
내가 그 책을 산 것은…… 아마 20년도 더 전의 일이었을 것이다.

나는 곧 그 책에 대한 기술적인 정보를 기록하기 시작했다. 제목
페이지를 복사하다가 그 판본에 부록이 있다는 사실을 알게 되었다.
"Ejusdem Ars Comica ex Aristotele." 리코보니가 《시학》의 소실된 두
번째 책을 재구성하려고 했다는 뜻이다. 이것이 이례적인 시도는
아니어서 나는 물리적인 상태에 대한 기록을 계속해 나갔다. 전쟁
중에 뇌의 일부를 상실하여 기억 전체와 말하는 능력까지 상실한
자테스키라는 이름의 사람에게 일어난 일을 신경심리학자인
알렉산더 루리아가 썼는데, 그 순간 내게도 그 일이 일어난 것이다.
그럼에도 자테스키는 글을 쓸 수는 있었다. 그의 손은 자동적으로
자신이 생각하지도 못하는 모든 사실을 써 내려갔고, 그 자신이 쓴
것을 읽음으로써 자신의 정체성을 차근차근 재구성할 수 있었다.

마찬가지로 나도 그 책을 냉정하게 기술적으로 살피면서 정보를
기록하고 있던 중에 내가 《장미의 이름》을 다시 쓰고 있다는
사실을 불현듯 깨달을 것이다. 유일하게 다른 점은 ‹Ars Comica›가
시작되는 120페이지에서 위쪽이 아닌 아래쪽 여백이 심각하게

훼손되어 있다는 사실이었다. 그 나머지는 다 똑같았다. 페이지들은 점차적으로 갈변한 상태였고 끝 부분에는 얼룩이 지고 페이지들이 서로 들러붙어 있었으며 구역질나는 기름 덩어리 같은 것을 발라놓은 듯 보였다. 내가 소설에서 기술한 그 원고가 내 손에 인쇄된 형태로 들려 있었던 것이다. 내 집에, 내 손 닿는 범위에 그것을 오랜 세월 묻어두었던 것이다.

처음에 든 생각은 이 일이 특별한 우연이라는 것이었다. 이어, 기적을 믿고 싶은 마음까지 들었다. 마지막에는 Wo Es war, soll Ich warden [지그문트 프로이트의 유명한 선언으로, "그것이 있었던 곳에, 내가 있게 될 것이다"라는 뜻이다]라고 결론을 내렸다. 내가 그 책을 구입한 건 한창 젊었을 때였다. 그 책을 훑다가 너무 심각하게 훼손된 것을 보고 어딘가에 두고 잊어버렸던 것이다. 하지만 그 페이지들은 내 내면의 카메라로 찍혀, 독이 묻은 그 페이지들의 이미지는 내 영혼에서 가장 멀리 떨어진 어딘가에 수십 년 동안 무덤 속엔 듯 묻혀 있다가, 마침내 (이유는 모르지만) 다시 나타났던 것이다. 그때까지 나는 내가 그 부분을 내 머리로 지어낸 거라고 믿고 있었다.

인식은 휴식을 취하지만 과정들은 계속되면서 우리의 생각을 전환시킨다. 생각들이 통합되어 실체를 갖는 것과 같다. 4장에서 나는 "창작물은 그것을 만드는 과정이 압축된 것이다. 당신이 그 안에 담아내는 것은 그 안에 남아 당신을 대변한다."라고 썼다. 같은 말이 우리에게도, 우리가 만드는 것에도 해당될 수 있을까? 기억은 실체를 가질 수 있을까? 개념은 실체를 가지거나 전환될 수 있을까? 이런 비물질적인 것들이 우리의 물리적인 일부가 되고, 그것이 다시 나타나는 것(죽은 뒤에, 또는 묻혀서 잠시 멈춘 기간을 가진 뒤에)이 자연스러운 과정이 될 수 있을까? 건조한 개념은 실체를 가짐으로써 촉촉해질 수 있을까? 실체를 가진 촉촉한 생각이나 기억, 또는 꿈은 차가운 인식의 공기로 갑자기 전환된 뒤 응결되어 구름이 될 수 있을까?

에코의 재시작은 망각에서 비롯했지만, 잡스의 재시작은 실직에서 비롯했다. 1985년 5월에 당시 애플의 CEO였던 존 스컬리는 잡스에게서 매킨토시 부서의 수장 임무를 박탈했다. 그 전 달에 스컬리가 애플 이사회로부터 그런 권한을 받은 것이다. 애플의 창립자였던 잡스에게 그 사건은 뒤통수를 크게 한 방 맞은 것과 같았다.

2005년 스탠퍼드대학교의 졸업식 연설에서 잡스는 애플에서 해고된 것에 대해 이렇게 말했다. "그 사건은 내게 일어난 가장 좋은 일이었습니다. 성공을 거둔 뒤의 무거움이 다시 초심자가 되는 가벼움으로 대체됐고, 모든 것에 대한 확신이 줄어들었어요. 그 덕에 나는 자유를 얻어 내 인생에서 가장 창의적인 시기로 들어서게 됐어요." 그는 덧붙였다. "이들 중 어떤 일도 내가 애플에서 해고되지 않았다면 일어날 수 없었을 거라고 확신합니다. 쓰디쓴 약이었지만 환자에게는 그 약이 필요했던 거예요."[4]

초심 유지하기와 집착 끊기

선승 스즈키 슌류(Shunryu Suzuki, 1904-1971)는 법화집 «선심초심»에서 삶의 모든 단계에서 '초심'을 유지하는 것에 대해 말했다. 그는 초심을 갖는 것을 삶의 한 방식으로 정의했다. 스즈키 선사에게 초심은 순수하고 열려 있으며 자연스럽고 호기심을 지닌 초심자의 마음을, 의심과 냉소주의와 무심히 습관적으로 하는 것이 없는 마음을 유지하는 것을 의미했다. 그는 이렇게 말했다. "그것은 지혜를 찾는 지혜이다. 그것은 기대나 요구가 없고, 있는 그대로 받아들이는 것이다."[5]

이 초심의 개념이 창작 과정에서는 잠시 멈추었을 때 새로운 시작을 하게 되는 것과 잘 들어맞는다. 잠시 멈추었을 때 나타나는 시작이 지속적인 한 과정에 속한다고 생각하면 그 연관성은 뚜렷해진다. 시작은 시간상의 한 지점이나 흘러가는 순간으로 이해되는 대신, 다양한 시간차를 두고 다시 나타나는 것일 수 있다. 시작의 상태는 선 수행에서뿐 아니라 창작에서도 볼 수 있다.

그 핵심은 집착을 끊었을 때 새로운 것이 나타난다는 개념이다. 스즈키 선사는 '진정 집착을 끊는 것'에 대한 정의를 내리면서 "우리는 하루하루 행한 것을 잊어야 한다. …… 그리고 새로운 뭔가를 해야 한다."라고 말했다.

그의 말은 아마도 초심을 유지하며 창의적이 되는 것에 대한 가장 간명한 충고일 것이다. 이 말은 2장에서 다룬 학습의 무효화 혹은 망각을 다시 떠올리게 한다. 그것이 여러 갈래의 길을 사유가 제한된 하나의 정해진 길로 고착시키지 않으면서 창작을 통해 지혜를 얻는 유일한 방법이다. 발견과 발명이 일어나는 것은 어떤 분야 안에 이미 존재하는 생각의 길이나 매트릭스 바깥에서다. 집착을 끊어낸 상태는 창작 주기를 거치는 동안 휴식을 취할 때-혹은 잠시 멈출 때-찾아온다. 스즈키 선사는 말한다. "단념할 때, 더 이상 원하지 않을 때, 어떤 특별한 노력도 하지 않을 때, 당신은 그때 뭔가를 하게 된다."

잠시 멈추는 것의 힘은, 잠시 멈추기 전에 집착하고 있던 바로 그것을 끊어내는 데 있다. 그것이 '단념'이다. 선물이란 더 이상 집착하지 않을 때 다른 사람에게 건네질 수 있는 것이다. 스즈키 선사가 말하듯 준다는 것은 집착을 끊는다는 것이다.

집착을 끊는 '단념'은 선물을 건네는 것과 관련이 있어 보인다. 선물은 내면에 나타나는 개념의 형태가 될 수도 있고, 성패에 대한 의식과는 무관하게 조용한 관심과 호기심을 일으키는 외부의 어떤 형태로 주어질 수도 있다. 이는 집착함이 없기 때문에 가능한 것이다.

창작은 초심의 자연스러운 상태가 되는 데 크고 작은 기여를 한다. 스즈키 선사는 **자연스럽다**는 것을 이렇게 정의했다. "모든 것으로부터 독립된 느낌, 혹은 무(無)에 근거한 활동이다. 공(空)에서 나오는 것은 땅에서 나오는 씨앗이나 식물처럼 자연스러운 것이다.…… 그것이 시간의 경과에 따라 자라면서 그 본성을 드러낸다."

행위예술가들은 그들의 행위가 즉흥적인 것이건 준비된 각본에 의한 것이건 자연스러움을 지속시키면서 순수하게 표현하기 위해 애쓴다. 대본을 보고 몇 주 동안 연습하면서 대사를 암기하고 무대에서의 동작을 계획한 뒤에라도, 배우들은 다른 배우들, 무대 세팅, 관객이 함께 존재하는 공간에서, 각 장면마다 각 대사가 있는 그들 자신의 캐릭터로 당면한 연기를 하는 매 순간 자신이 어떻게 해나갈지에 대한 길을 찾는다. 여러 번 암기하고 연습한 대사라도 그 순간 일어나는 감정에서 **발견되어**

독백을, 장면을, 연극을, 그 반복의 특유하고 자연스러운 결과물에 이르는 여정으로 만들어 준다.

  육상선수는 훈련의 반복을 통해 동작에 대한 정확성을 최대한으로 끌어올리지만, 실제 시합에서는 그 동작이 동물의 본능적인 움직임처럼 의문이나 망설임 없이 자연스러워야 한다. 이는 케스틀러가 말한 상향 운행(traffic)과 하향 운행이다. 배우가 대본을 암기하고 운동선수가 근육을 기억하듯 모든 준비는 그것을 습관이 되게 하여 의식에서 **망각**시킨다. 그리하여 자유로워진 상태에서 그 순간을 인식하게 한다. 모든 분야의 예술가, 디자이너, 과학자, 공학자 들은 모두 그들의 창작 안에서— 어떻게 더 잘 표현할 수 있을지 모르겠지만— 그 순간에 대한 완전한 인식으로 느껴지는 단계를 경험한다. 그 단계들은 그 지속 기간이 연극이나 공연, 경주의 지속 기간보다 훨씬 짧겠지만, 그럼에도 불구하고 한 과정의 일부로서 준비되고, 이어 망각된다.

완전한 단념

  완전한 단념에는 위험이 따른다. 멈추는 시간이 길어질수록 계속 이어가기는 더 어렵다. 집착을 끊는다는 것은 가속도를, 흥미를, 그리고 열정을 잃는 것이다. 실패로 인해 멈춘 순간들에 보이는 반응에는 개인의 심리가 중요한 역할을 한다. 새로 입력된 것을 인식한다는 것은 종종 긴 멈춤 뒤에 다시 그 일로 돌아가는 유일한 이유가 된다. 하지만 새로운 시작을 알아차리기는 쉽지 않은데, 새로운 시작들은 전형적으로 초기의 형태로 나타나기 때문이다. 게다가 익숙하지 않다. 우리 모두는 이전에 인식되지 않은 연결에 대해서는 거부하는 경향이 있다. 생각의 매트릭스는 시간이 지남에 따라 우리의 의식 속에서 촘촘히 짜여, 기존의 매트릭스에 들어맞지 않는 발견은 잘못된 것이나 비논리적인 것으로 여기게 된다.

케스틀러는 다른 책에서 이에 대해 썼다. "가장 위대한 발견의 일부는 …… 주로 현실로의 접근을 방해하는 심리적인 방어벽을 치워버리는 것에서 일어난다. 사후(事後)에 그 발견이 그토록 뻔해 보이는 이유가 그것이다."[6] 나는 수천 개의 프로젝트가 시작되고 중단되며 성공하고 실패하는 것을 보았다. 나는 이런 단계들의 이런 패턴들에 익숙하다. 나도 실패하면 몹시 좌절하지만, 난파되고 있는 듯한 불확실함에서 오는 익숙지 않은 느낌을 내가 알고 있고 또 그것을 믿는다는 것이 나를 계속 나아가게 한다. 이것이 내 학생들과, 그리고 당신과도 나누고 싶은 것이다.

물론 나는 누구, 어떤 독자들이라도 이 책을 내키는 대로 펼쳐 1장이 아니라 펼쳐진 곳에서부터 읽기 시작하기를 바라지만, 그것이 나만의 희망사항임을 나도 잘 안다. 그럼에도 불구하고 잠시 멈추고 이 책 전체에서 다뤄진 요소들을 순서대로가 아니라 이것저것 섞어 생각해주기를 당부한다. 그렇게 함으로써 이전에 생각해봤을 법하지만 지금까지 정말로 생각해보지 않았던 방법으로 창작에 참여할 수 있게 된다. 확신컨대 마음을 비우면 당신도 창작을 해나갈 때 이 폭풍우와 같은 과정을 인식할 수 있을 것이다. 불확실성에 대한 인식이 진정한 창의성의 바다를 항해할 수 있도록 친구처럼 도와줄 것이다. 당신이 만든 문제는 당신을 나아가게 하고, 당신이 만든 언어는 당신을 달려가게 할 것이다. 당신은 앞을 내다보고 새로운 '해결책'을 발견하게 될 것이다. 그리고 그 전환을 다음 주기로 이어갈 수 있게 될 것이다.

창작의 연속선상에서

내가 이 책의 전반에서 썼듯 창의성은 반복적인 과정이다. 하지만 최종의 뭔가에 이를 때까지 닫힌 원 안에서 반복이 일어난다는 말은 아니다. 창작은 진행 중이며 계속되는 과정이다. 폭풍우의 경우에는 위로 올라가는 물방울들이 수백만 번 순환하거나 수억만 번의 '주기'를 거치면서 응결하고 비의 띠를 형성하고 비가 되어 쏟아진다. 나는 이 책에서 기술한 바와 같이 창의성의 단계들도 주어진 작업이 그 생명을 유지하는 한 한 번, 여러 번, 수백 번 일어날 수 있다고 생각한다. 하지만 작업 그 자체는 창의성의 끝이 아니라 구체적인 어느 '프로젝트'일 뿐이다. 창작을 하는 동안 당신은 어떤 시점에서건 이전 시점으로 '되돌아가' 학습을 무효화하거나 뭔가를 모아들일 수 있다.

폭풍우는 결코 끝나는 것이 아니다. 바람과 비는 잦아들지라도 폭풍우는 새로운 부활의 씨앗을 뿌리기 때문이다. 폭풍우처럼 창작 과정 또한 계속된다. 하나의 폭풍우는 결국 '죽지만' 물의 순환은 계속된다. 바닷물은 폭풍우의 연료가 되고, 폭풍우는 땅 위에 내리는 비가 되어 비워진다. 비에 젖은 땅의 물은 수증기로 바뀌거나 다시 바다로 가면서 그 습기를 잃는다. 폭풍우가 흩어지고 분산되고 물러나도 결코 끝나는 것이 아니듯 창의성도 계속된다. 내가 관찰한 바로 변하지 않는 것은 창작 과정의 연속성뿐이다.

창의성이 '결과물'을 낳았다고 해서, 목표나 이상을 달성했다고 해서, 따라서 어떤 제품이나 결과가 나왔다고 해서 그것이 끝은 아니다. 이는 예술이건 과학이건 공학이건 디자인이건 의학적 진단이건 시를 쓰는 것이건 창의성이 요구되는 곳에서는 다 마찬가지다. 창의성은 계속된다.

창작을 통해 만들어진 물건은 끝이 아니라 끝이 없는 길 위에 있는 어떤 한 지점일 뿐이다. 창작은 연속적인 것이기에 창의성은 선순환을 한다. 선순환은 호의적인 환경이나 결과가 또 다른 호의적인 환경이나 결과를 낳아 그것이 연속적으로 처음의 환경이나 결과를 지지하는 결과를 일컫는다. 이는 상호의존적인 사건들의 순환이다.

  창작 과정의 단계들을 합쳐놓은 것을 나선형으로 생각해볼 수 있다. 다시 말하지만 순서는 어느 정도 임의적이다. 선입관을 없애기 위해 학습을 무효화하면 알 필요와 알고 싶은 욕구가 생긴다. 그 필요가 문제 만들기로 이어지고, 그 문제에 대한 정의를 내리고 다시금 내리는 과정을 거치면서 앞으로 나아간다. 나아가면서 모으고 뒤쫓는 단계를 밟고, 그렇게 얻어진 것으로 문제를 해결하는 것이다. 창작 노력을 언어로 표현하면서 앞으로 밀고 나아가다 보면 뭔가를 지각하게 되고, 그렇게 함으로써 구상이 가능해진다. 개념을 찾았다면, 더 나아가면서 상상을 통해 앞을 내다본다. 이 모든 과정을 거치는 동안 당신은 창작 과정의 여러 국면들로 반복해서 되돌아갈 것이고, 그렇게 들고 나기를 반복하면서 마침내 당신이 모아들이고 의미를 부여한 모든 재료를 연결하여 양적인 것을 질적인 것으로 전환하게 될 것이다. 당신이 목표한 것이 드디어 눈앞에 나타나지만, 그것이 끝은 아니다.

  2장에서 나는 엘리엇의 시 〈네 개의 사중주〉를 인용했다. 그 시를 다시 인용한다.

> 우리가 시작이라 부르는 것은 종종 끝이다.
> 끝을 만드는 것은 시작을 만드는 것
> 끝은 우리가 시작하는 그곳……

우리는 탐험을 그치지 않을 것이다.
그 모든 탐험의 끝은
우리가 시작한 곳에 다다르는 것,
그곳을 처음으로 알게 되는 것이다.
알지 못하는, 기억되지 않은 문을 통과하여
발견을 위해 남겨진 마지막 땅이
시작이었던 바로 그 땅일 때[7]

   머리말에서 나는 학생들이 종종 "어떻게 알아요? 뭘 할지, 어디로 갈지, 적당한 때가 언제인지 어떻게 알아요?" 하고 묻는다고 썼다. 그리고 이 책이 그 질문에 대한 답이 될 거라고 말했다. '알지 못하는, 기억되지 않은 문'으로 들어가도 좋다는 허락은 자신이 모른다는 사실을 깨달을 때 주어진다. 자신이 모르는 뭔가를 알고 싶어 하는 것, 그것이 바로 창작 과정이다.

주

머리말

1. Robinson, *Out of Our Minds.*
2. Ponge, *The Making of the Pré.*

1장

1. Whitman, "Song of Occupations."

2장

1. Epictetus, *Discourses* II:17.
2. Gell-Mann, *The Quark and the Jaguar*, chap. 17.
3. Keats, "Letter to George and Thomas Keats."
4. Ortega y Gasset, *Dehumanization of Art and Other Essays.*
5. Klee, "Creative Credo."
6. Fox, "N. Joseph Woodland, Inventor of the Bar Code, Dies at 91."
7. Fitzgerald, *Great Gatsby.*
8. Selinger, "Creative Engineer."
9. Eliot, "Four Quartets."
10. Academy of Achievement, "Murray Gell-Mann Interview."
11. Bachelard, *Poetics of Space.*
12. Dhawan, "Business Schools Need to Focus on Unlearning."

3장

1. Hugo, *Triggering Town*.
2. Bachelard, *Poetics of Space*.
3. Gell-Mann, *The Quark and the Jaguar*.
4. Feynman, *Surely You're Joking, Mr. Feynman!*

4장

1. Wilson, *The Hand*.
2. 저자와 개인적으로 교환한 서신.
3. LaBarre, "How Infographics Guru Nicholas Felton Inspired Facebook's Timeline."
4. Azvolinsky, "Birds of a Feather."
5. Newsweek Staff, "All Eyes on Google."
6. DeCredico, "Artist Statements."
7. Hugo, *Triggering Town*.
8. Chopra, Seven *Spiritual Laws of Success*.

5장

1. Wilson, "Does Sign Language Solve the Chomsky Problem?"
2. Klee, "Creative Credo."
3. Olson, "Projective Verse."

6장

1. Koestler, *Act of Creation*.
2. Rozendaal and Knoek van Soest, "Optical Acceleration Cancellation."
3. Grab, "Gravity Glue."
4. 저자와 개인적으로 교환한 서신, 2013년 2월.
5. Peers, "Field Study."

6. Chabris and Simons, *Invisible Gorilla* (인용문 중 진한 글자는 저자 강조).
7. James, "Hidden Self."
8. Koestler, *Act of Creation*, 191.
9. Hadamard, *Mathematician's Mind*.
10. Koestler, *Act of Creation*.

7장

1. Carroll, "Wool and Water."
2. Bachelard, *The Poetics of Space*.
3. 저자와 개인적으로 교환한 서신, 2015년 2월 21일.
4. Blazer, *Aqua Firma*.
5. Pound, *Gaudier-Brzeska*.
6. Eliot, "Four Quartets."

8장

1. Wolf, "Steve Jobs."
2. Darwin, *On the Origin of Species*.
3. Gould, *Dinosaur in a Haystack*.
4. Smith, *Wealth of Nations*.
5. Gould, *Ever Since Darwin*. 재인용.
6. Henn, "At 30, the Original Mac Is Still an Archetype of Innovation." 재인용.
7. Zimmer, "In the Human Brain, Size Really Isn't Everything."
8. Koestler, *Act of Creation*.
9. Koestler, *Act of Creation*.
10. Koestler, *Act of Creation*.
11. Hillman, *The Soul's Code*.
12. 저자와 개인적으로 교환한 서신.

13. Carroll, "Wool and Water."
14. Jung, "Synchronicity."
15. Schopenhauer, *World as Will and Representation*.

9장

1. Hadamard, *Mathematician's Mind*.
2. Eliot, *Use of Poetry and the Use of Criticism*.
3. Carroll, "Feeding the Mind."
4. Singer, *Inner World of Daydreaming*.
5. Harding, *Anatomy of Inspiration*.

10장

1. Koestler, *Act of Creation*.
2. Poincaré, "Description of His Own Creativity."
3. Eco, "Author and His Interpreters."
4. Jobs, Stanford University Commencement Address.
5. Suzuki, *Zen Mind, Beginner's Mind*.
6. Koestler, *Sleepwalkers*.
7. Eliot, "Four Quartets."

옮긴이의 말

1. 폭풍우 밖에서 바라보기
정연희

우리는 흔히 창작의 고통, 출산의 고통 등 뭔가 만들어내는 것을 '고통'과 결부시킨다. 그만큼 힘들다는 의미겠지만, 창작을 하겠다고 마음먹은 사람이라면 그 고통을 기꺼이 감수하고자 하는 사람일 것이다. '기꺼이'라는 말에는 '즐거움'이 묻어난다. 기꺼이 문제를 만들고 기꺼이 모으고 기꺼이 뒤쫓고 기꺼이 쉬어가고 기꺼이 다시 시작하고. 키나 레스키가 풀어낸 창작 과정에 대한 이야기가 고통스럽거나 힘겹게 다가오지 않고 즐겁게 읽히는 것은, 나 또한 그 폭풍우의 과정에 들어가 그 변화의 흐름을 타고 싶어지는 것은, 그것이 '기꺼이'의 과정으로 느껴지기 때문인 것 같다.

저자는 창작 과정을 폭풍우의 형성 과정에 비유하고 있는데, 개인적으로 '폭풍우'라는 단어를 접하고 가장 먼저 떠오른 장면은 초등학교 때 거센 비바람 속에서 우산을 들고 집으로 돌아가는 내 모습이었다. 여기서 두 가지 사실을 연상했는데, 하나는 우산이 '뒤집히는' 느낌에 관해서고, 또 하나는 그 시간이 상상력을 펼치기에 가장 좋은 시간이었다는 의미에서다. 뒤집히고 바로잡고 또 뒤집히다

보면 우산을 내팽개쳐버리고 싶어지는 순간, 우산을 들거나 들지 않거나 상관없어지는 순간이 온다. 그 순간은 묘하게 짜릿했는데, 그 짜릿함은 아마도 내가 통제할 수 없는 세상 속으로 들어가는 것 같았기 때문이었을 것이다.

키나 레스키가 말하는 "창작 과정이…… 마침내 나를 덮치는 순간"의 느낌이 그런 것이지 않았을까. 그러고 보면 키나 레스키가 말한 무지개처럼, 폭풍우라는 현상이 어린 나와 만나 그 현상 자체와 더불어 '그것을 경험하는 나'가 만들어졌고, 그 '나'는 그 순간 맘껏 상상력을 펼쳐 메리 포핀스처럼 우산을 들고 하늘로 날아오르기도 하고 도로시처럼 낯선 세계에 떨어져 내리기도 했으니, 폭풍우는 여러 모로 창작 과정과 잘 맞아떨어지는 것 같다.

2. 삶의 모든 순간이 창작
정인희

고속도로 운전을 하며 찌르레기 떼의 뒤쫓기에 관해 생각했다. 앞의 차, 그 앞의 차, 뒤의 차, 양옆 차로의 앞에 가는 차와 뒤따르는 차. 어쩌면 내가 운전을 하면서 이 차들을 의식하는 것처럼 찌르레기 떼도 이웃한 일곱 마리 새를 뒤쫓는 것이겠구나! 사람이 한번에 처리할 수 있는 정보의 양, 즉 짧은 일정 시간 동안 기억할 수 있는 정보의 양은 신비의 숫자 7 ± 2라는 사실이 문득 떠올랐다.

잠시 멈추기는 창작 과정의 모든 쉬어감에 정당성을 부여한다. 이 책을 번역하는 동안, 나는 이른바 창작에 해당하는 몇 가지 유형의 일을 하고 있었다. 더 이상 문제가 해결되지 않는 순간마다 키나 레스키가 제시한 잠시 멈추기를 실천에 옮겼다. 무작정 이삼일 머리를 비우고 나면 풀리지 않을 것 같던 문제에 새롭게 접근할 수 있었다. 그럴 때마다 이 번역 작업에 참여한 것이 참 잘한 일이라는 생각이 들곤 했다.

창작의 내용을 결정짓는 가장 중요한 일은 어쩌면 모으기가 아닐까 한다. 저자가 이 책을 쓰기 위해 모은 것들을 우리는 책 속의 많은 인용문에서 볼 수 있다. 키나 레스키가 그러한 모으기를 했기 때문에 이 책은 이런 내용을 가진 것으로 나올 수밖에 없었을 것이다. 아마도 키나 레스키가 다른 책들을 읽고 다른 친구들과 교류했다면 또 다른 내용의 창작에 관한 책이 탄생했을지도 모른다. 우리 모두 어떤 사람들과 인연을 맺고 교류할 것인가, 어떤 책과 음악과 전시와 영화와 여행지와 만날 것인가에 보다 신중해야 할 이유다.

3. 옮기기의 시작과 끝

이 책의 핵심어는 'creative'이다. 우리말로 '창의적인, 창조를 하는, 창작의' 등의 뜻으로 읽힌다. 이 책의 전반이 한 성질로서의 '창의성'보다는 '창작' 과정에 대해 다루고 있으므로 대부분 '창작의'라는 뜻으로 옮겼다. 하지만 이 단어들이 서로 불가분의 관계이고 창작에 요구되는 것이 바로 창의성인 만큼 부분적으로 '창의'를 사용하기도 했다. 'creativity'는 '창조성'보다 '창의성'이라는 단어를 선택했는데, 창조는 없던 것에서 뭔가를 만들어내는 의미로 쓰여 너무 거대하고, 이 책에서는 앞서 있었던 것이 새로운 창작과 떼어낼 수 없는 것, 새로운 것을 끌어내는 연결점으로 제시되기도 하여 창조성의 의미가 적합하지 않은 맥락이 있기 때문이다. 무엇보다 창조라는 말은 그 자체로 대범하고 우렁차서 '성'(性)이라는 다소 소극적인 접미사와는 어울리지 않는다.

이 책은 모든 종류의 창작을 하는 사람들에게 열려 있어 어느 분야의 어느 창작자라 해도 이 책을 통해 무엇이든 적어도 한 가지 방법은 자신의 것으로 삼게 될 수 있을 것이다. 또한 본격적인 창작의 길을 가고 있거나 그 길로 들어서려 하는 사람이 아니더라도, 어떻게 하면 우리 삶을 보다 창의적으로 꾸려갈 수 있을지, 우리 삶 자체를 하나의 창작물로 만들어낼 수 있을지에 대해 고민해본 사람이라면 누구나 이 책에서 그것을 구체화시키는 방법을 알아낼 수 있을 것이다. 따라서 이 책은 창작자와 창의성 교육자를 포함한 우리 모두를 위한 것이며, 오늘날 우리 사회가 그토록 원하는 창의성을 함양하는 지침서로 유용하게 활용될 수 있으리라 생각한다.

옮긴이들 또한 번역을 하며 '모으기'라는 중요한 과정을 거쳤다. 옮긴이들이 완전히 이해하기 어려운 전문 분야의 내용을 한글로 옮기기 위해 해당 지식을 가진 분들을 '모았다'. 그 모으기에 기꺼이 응해 주신 조형예술학 박사 서길헌 작가님, 세종대학교 수학통계학부 하길찬 교수님, 금오공과대학교 건축학부 이종국 교수님, 금오공과대학교 응용수학과 양지연 교수님께 깊은 감사의 마음을 전한다.

에피파니(epiphany). 현현. 평범하고 일상적인 대상 속에서 갑자기 경험하는 영원한 것에 대한 감각 혹은 통찰을 뜻하는 말. 계간지 ‹Epiphany›에는 에피파니의 뜻이 이렇게 소개되어 있다. 창작 과정을 이루는 중요한 속성이기도 한 감각과 통찰을 출판사 이름이자 계간지 이름으로 선택하신 홍상유 대표님의 창의성과 일련의 창작 과정에 옮긴이들은 매우 큰 애정을 가지고 있다. 함께 작업할 수 있는 기회를 주심에 감사하며, 에피파니와 홍상유 대표님의 창작이 날마다 더 밝고 아름답게 빛나기를 바란다.

참고 문헌

Academy of Achievement. "Murray Gell-Mann Interview." December 16, 1990. http://www.achievement.org/autodoc/page/gel0int-1 (accessed February 20, 2015).

Azvolinsky, Anna. "Birds of a Feather ... Track Seven Neighbors to Flock Together." *News at Princeton*, February 7, 2013. http://www.princeton.edu/main/news/archive/S36/02/56I00/index.xml?section=topstories (accessed February 20, 2015).

Bachelard, Gaston. *The Poetics of Space*. New York: Orion Press, 1964. First published 1958, in French as *La Poétique de l'Espace*.

Blazer, Stuart. *Aqua Firma*. Providence, RI: Associação Cultural Burra de Milho, Terceira Island, and Gávea-Brown Publications, Brown University, 2011.

Carroll, Lewis. "Feeding the Mind." Unpublished essay, May 1906. http://www.harpers.org/sponsor/balvenie/lewis-carroll.1.html (accessed February 22, 2015).

Carroll, Lewis. "Wool and Water." In *Through the Looking Glass (and What Alice Found There)*. London: Macmillan and Co., 1871. http://www.literature.org/authors/carroll-lewis/through-the-looking-glass/chapter-05.html (accessed February 21, 2015).

Chabris, Christopher, and Daniel Simons. *The Invisible Gorilla: How Our Intuitions Deceive Us*. New York: Harmony, 2010.

Chopra, Deepak. *The Seven Spiritual Laws of Success: A Practical Guide to the Fulfillment of Your Dreams*. New York: New World Library, 1994.

Darwin, Charles. *On the Origin of Species by Means of Natural Selection, or the Preservation of Favoured Races in the Struggle for Life*. London: John Murray, 1859.

DeCredico, Alfred. "Artist Statements." http://www.decredico.com/artist-statements (accessed February 20, 2015).

Dhawan, Erica. "Business Schools Need to Focus on Unlearning." *Forbes*, June 13, 2012. http://www.forbes.com/sites/85broads/2012/06/13/deck-business-schools-must-teach-unlearning (accessed February 20, 2015).

Eco, Umberto. "The Author and His Interpreters." Lecture at the Italian Academy for Advanced Studies in America, 1996. http://www.themodernword.com/eco/eco_author.html (accessed February 20, 2015).

Eliot, T. S. "Four Quartets." In *The Complete Poems and Plays: 1909-1950*. Boston: Houghton Mifflin Harcourt, 1971.

Eliot, T. S. *The Use of Poetry and the Use of Criticism: Studies in the Relation of Criticism to Poetry in England*. Cambridge, MA: Harvard University Press, 1986. (The book is a collection of the 1932-1933 Norton Lectures at Harvard University.)

Epictetus. *The Discourses of Epictetus, Book II*. Chap. 17. Trans. George Long. London: George Bell and Sons, 1800.

Feynman, Richard P. *Surely You're Joking, Mr. Feynman!* New York: W. W. Norton and Company, 1985.

Fitzgerald, F. Scott. *The Great Gatsby*. New York: Charles Scribner's Sons, 1925.

Fox, Margalit. "N. Joseph Woodland, Inventor of the Bar Code, Dies at 91," *New York Times*, December 12, 2012. http://www.nytimes.com/2012/12/13/business/n-joseph-woodland-inventor-of-the-bar-code-dies-at-91.html?_r=0 (accessed May 7, 2015).

Gell-Mann, Murray. *The Quark and the Jaguar*. New York: W. H. Freeman and Company, 1994.

Gould, Stephen Jay. *Dinosaur in a Haystack: Reflections in Natural History*. New York: Harmony, 1995.

Gould, Stephen Jay. *Ever Since Darwin: Reflections in Natural History*. New York: W. W. Norton and Company, 1977.

Grab, Michael. "Gravity Glue." http://www.gravityglue.com/about (accessed February 21, 2015).

Hadamard, Jacques. *The Mathematician's Mind: The Psychology of Invention in the Mathematical Field*. Princeton, NJ: Princeton University Press, 1996. First published 1945.

Harding, Rosamond E. M. *An Anatomy of Inspiration*. London: W. Heffer and Sons Ltd., 1942.

Henn, Steve. "At 30, the Original Mac Is Still an Archetype of Innovation." NPR, January 24, 2013. http://www.npr.org/blogs/all techconsidered/2014/01/24/265238567/at-30-the-original-mac-is-still-an-archetype-of-innovation (accessed February 21, 2015).

Hillman, James. *The Soul's Code: In Search of Character and Calling*. New York: Random House, 1996.

Hugo, Richard. *The Triggering Town: Lectures and Essays on Poetry and Writing*. New York: W. W. Norton and Company, 2010. First published 1979.

James, William. "The Hidden Self." In *The Heart of William James*, ed. Robert D. Richardson. Cambridge, MA: Harvard University Press, 2012. Essay first published 1890.

Jobs, Steve. Stanford University Commencement Address. http://news.stanford.edu/news/2005/june15/jobs-061505.html (accessed February 21, 2015).

Jung, Carl Gustav. "Synchronicity: An Acausal Connecting Principle." In *Collected Works of C. G. Jung*. Vol. 8. Princeton, NJ: Princeton University Press, 2010. First published 1952.

Keats, John. "Letter to George and Thomas Keats." December 28, 1817. http://en.wikisource.org/wiki/Letter_to_George_and_Thomas_Keats,_December_28,_1817 (accessed February 20, 2015).

Klee, Paul. "Creative Credo." In *Paul Klee Notebooks*, trans. Ralph Manheim. New York: Overlook Press, 1992.

Koestler, Arthur. *The Act of Creation: A Study of Conscious and Unconscious Processes of Humor, Scientific Discovery, and Art*. New York: Macmillan Company, 1964.

Koestler, Arthur. *The Sleepwalkers: A History of Man's Changing Vision of the Universe*. New York: Macmillan, 1959.

LaBarre, Suzanne. "How Infographics Guru Nicholas Felton Inspired Facebook's Timeline." *Fast Company CoDesign*, September 22, 2011. http://www.fastcodesign.com/1665062/how-infographics-guru-nicholas-felton-inspired-facebooks-timeline (accessed February 20, 2015).

Newsweek Staff. "All Eyes on Google." *Newsweek*, March 28, 2004. http://www.thedailybeast.com/newsweek/2004/03/29/all-eyes-on-google.html (accessed February 20, 2015).

Olson, Charles. "Projective Verse." In *Collected Prose*, ed. Donald Allen and Benjamin Friedlander. Berkeley: University of California Press, 1997. Essay first published 1950, as a pamphlet.

Ortega y Gasset, José. *The Dehumanization of Art and Other Essays on Art, Culture, and Literature*, trans. Willard R. Trask. Princeton, NJ: Princeton University Press, 1968. First published 1935, in Spanish.

Peers, Gordon. "Field Study." RISD European Honors Program, 1962.

Poincaré, Henri. "A Description of His Own Creativity." Trans. G. B. Halstead. 1908. http://www.is.wayne.edu/DRBOWEN/CRTVYW99/POINCARE.HTM (accessed February 16, 2015).

Ponge, Francis. *The Making of the Pré*. Trans. Lee Fahnestock. Columbio, MO: University of Missouri Press, 1979.

Pound, Ezra. *Gaudier-Brzeska: A Memoir*. New York: New Directions, 1970. First published 1916, in London by John Lane.

Robinson, Ken. *Out of Our Minds: Learning to Be Creative*. 2nd ed. Mankato, MN: Capstone, 2011.

Rozendaal, Leonard A., and A. J. Knoek van Soest. "Optical Acceleration Cancellation: A Viable Interception Strategy?" *Biological Cybernetics 89*, no. 6 (2003): 415-425.

Schopenhauer, Arthur. *The World as Will and Representation*. 2nd ed. Leipzig: F. A. Brockhaus, 1844.

Selinger, Carl. "The Creative Engineer: What Can You Do to Spark New Ideas?" *IEEE Spectrum 41*, no. 8 (2004): 47-49.

Singer, Jerome L. *The Inner World of Daydreaming*. New York: Harper and Row, 1975.

Smith, Adam. *An Inquiry into the Nature and Causes of the Wealth of Nations*. London: Strahan and Cadell, 1776.

Suzuki, Shunryu. *Zen Mind, Beginner's Mind*. Boston: Shambhala Library, 2006. First published 1970.

Whitman, Walt. "A Song of Occupations." In *Leaves of Grass*. Facsimile ed. New York: Eakins Press, 1966. First published 1855.

Wilson, Frank R. "Does Sign Language Solve the Chomsky Problem?" In *The Study of Signed Language: Essays in Honor of William C. Stokoe,* ed. David F. Armstrong, Michael A. Karchmer, and John Vickrey Van Cleve. Washington, DC: Gallaudet University Press, 2002.

Wilson, Frank R. *The Hand: How Its Use Shapes the Brain, Language, and Human Culture*. New York: Pantheon, 1998.

Wolf, Gary. "Steve Jobs: The Next Insanely Great Thing." *Wired*, February 1996. http://www.wired.com/wired/archive/4.02/jobs_pr.html (accessed February 20, 2015).

Zimmer, Carl. "In the Human Brain, Size Really Isn't Everything." *New York Times*, December 26, 2013. http://www.nytimes.com/2013/12/26/science/in-the-human-brain-size-really-isnt-everything.html?_r=0 (accessed February 21, 2015).

이미지 저작권

각 장의 첫 삽화, **Kyna Leski.**

31 출처 미상.

47 철조 구조물, James Viscardi. 사진, Mark Johnston.

48 철조 구조물, James Viscardi. 사진, Mark Johnston.

49 철조 구조물, Jenny Su-Hyun Kwon. 사진, Mark Johnston.

50 철조 구조물, Ethan Barlow. 사진, Mark Johnston.

60 사그라다 파밀리아,
http://commons.wikimedia.org/wiki/File:Sagrada_Familia_01.jpg. 사진, Bernard Gagnon.

83 "중력 슈트", Jacob Wangh Knowles.

84 사진, Kyna Leski.

86 사진, Andrea Cavagna, Institute for Complex Systems (CNR), Rome.

91 베이커 하우스 도면, Alvar Aalto, Alvar Aalto Museum.

92 알바 알토의 구부린 적층 목재 습작, Alvar Aalto Museum.

100 Drefox 회사를 위해 Kyna Leski가 디자인한 흰 나무 그릇, Gustav Melzer, Vienna, Austria.

110 사진, Kyna Leski.

112 구엘 지구 교회를 위한 다중케이블 모형 내부, Museo de la Sagrada Familia.

125 무제 6"×8" 유화, Nicholas Evans—Cato. 사진, Nicholas Evans—Cato.

125 유화, Nicholas Evans—Cato. 사진, Nicholas Evans—Cato.

136 산 로마노 전투, Paolo Uccello, National Gallery, London.

137 피라미드 모양들로 뒤덮인 구, Paolo Uccello. 펜, 잉크, 브라운 채색, 27×24.5 cm. Paris, Louvre, Departement des Arts, 1460년대 경.

144 수채화, Kyna Leski.

148 일러스트레이션, Kyna Leski.

152 다이어그램, 3six0 Architecture, Providence, Rhode Island의 허가를 받았음.

153 렌더링, Shepherd of the Valley Methodist Church, Hope, Rhode Island의 허가를 받았음.

153 사진, John Horner, John Horner Photography, Boston, Massachusetts.

154 모형, John Schroeder. 사진, Kyna Leski.

181 일러스트레이션, Kyna Leski.

192 사진, Erin Hasley.

찾아보기

ㄱ

가속도 27, 70, 85, 106-107, 145, 185, 188, 208
가우디 59, 61, 73, 93, 110-113
감지 117-123, 126, 129, 135
개념화 75, 119, 121-123, 126, 130-131, 135
건축 11, 13, 15-20, 28-29, 37, 39, 41, 53, 59, 60, 70, 73-75, 82, 90-91, 93, 95, 107-109, 111, 113, 119, 137, 147, 149, 154, 167, 169-170, 222
 · 고딕 59, 72-73, 111, 113
 · 언어 12, 75, 103, 105, 109, 169
 · 통찰 도면 149-150
 · 학생 39, 75, 91, 154
결합 105, 169-170, 173, 190
경이 40, 56, 182
겔만 38, 58-59, 68-69
관찰 19-20, 29-30, 32-33, 39, 46, 51, 66, 73, 76, 79, 82, 104, 107, 121, 124, 132-133, 135, 145, 158, 162-163, 166, 172-174, 182, 210
교란 26, 35, 37, 85, 174-175, 196
구상 40, 75, 114, 117, 120-121, 126, 132-133, 135, 164, 211
구조학 107-108, 169
규모 26, 109, 118, 185, 196-198
근육 기억 208
기하형태 90-91, 99-100, 109-110, 113, 125, 147, 152, 180-181
기하학 16, 84, 87, 90-91, 107, 113, 168-169, 180, 200
꿈 56, 132, 143-144, 179, 205

ㄴ

낯선 것 52, 220

ㄷ

다시 시작하기 28, 185, 199, 202

시작하기 참조
다윈 21, 51, 163-168
다이몬 16, 174-175
대륙이동설 64, 156
대상 13, 32, 70, 75, 96, 142, 146,
  157-158, 182
동시 발생 65, 177-182
두려움 52, 186
뒤쫓기 61, 75, 79, 94-97, 103, 135
드로잉 95-96, 107, 130

ㄹ
로직 107, 113, 135, 170-171, 173,
  179-180, 196
  · 기하학적 107, 113
  · 언어의 105, 106
  · 연상 171-174, 196
  · 이중연상 179

ㅁ
망각 22, 60-61, 185, 205-206, 208
매체 43, 99, 108-109
모여 이루어진 것 82-85, 87, 93
모으기 61, 75, 79-80, 82, 88-90,
  94, 96, 103, 118, 135, 221-222
  · 지성을 88-90
  · 창작 과정에서의 81-82, 118
  · 폭풍우에서 27, 85

몽상 174, 187
무의식 22, 182-183, 185, 196-198
문제 16, 22, 35-36, 38, 40, 53, 55,
  57, 59, 61, 63-76, 79-81, 88, 90, 95-96,
  98, 106, 134, 142, 151, 158, 163, 168, 185,
  187, 200-201, 209, 211
  · 만들기 61, 66, 74, 76, 79, 201, 211
  · 정의 68, 70, 72
밀고 나아가기 61, 101, 103, 114

ㅂ
바슐라르 60, 67, 143
바우하우스 156, 182
바코드 54-55, 59, 180
반복 12, 21, 27-28, 75, 96, 126, 135,
  141, 149, 156, 170-171, 178, 189, 208,
  210-211
발견 13, 19, 28, 43, 45, 51, 55, 58,
  64-67, 69-72, 95, 97-98, 109, 129,
  132-133, 135, 147, 156, 167-169,
  171-172, 177, 180-182, 188, 190, 203,
  206-207, 209, 212
  · ~과 발명 132-134, 207
  · ~과 앎 95
  · ~으로 이어지는 실수 44
  · 무의식에서의 155
  · 오픈마인드의 기능으로서의
    46, 57, 64, 108

발명 20, 53-55, 57, 73, 132-133,
    137, 162, 171-172, 180, 206
불확실성 40-42, 52, 55, 61, 87, 209
브레인스토밍 38
빈자리 63

ㅅ

사그라다 파밀리아 59-60, 73, 93,
    110-111
상상 57, 59, 104, 121, 142-143, 151,
    154, 157-159, 162, 211
    · 앞쪽으로 작용하는
      기억으로서의 141-142
상형문자 147-149
선입관 20, 35, 37-41, 43-46, 51, 53, 63,
    68, 70, 72, 79, 90, 96-97, 108, 130-132,
    166, 168-169, 188, 211
선택적 주의력 130
수준 13, 101, 118-119, 197
수학 16, 20, 39, 87, 93, 103, 132-133,
    136, 168, 199, 200
시작하기 28, 185, 199, 202, 209
    다시 시작하기 참조
식별 129
실수 42-43, 58, 99, 128
실패 12, 93, 200, 202, 208-209

ㅇ

알토 90-92
앎 35, 60
    · ~과 직관 142
    · ~과 발견 95
    · ~과 영감 40
    · ~과 인식 117-118
    · ~의 충동 63-64
양식 59, 60, 73, 76, 111, 113, 187
언어 13, 59, 75, 103-109, 119, 169-170
    188, 209, 211
    건축 언어, 언어로서의 재료 참조
연결하기 51, 161, 169, 173
연상 79, 132, 170-173, 180, 196, 219
영감 40, 84, 88, 151, 175, 186, 189,
    196-197, 202
오픈마인드 35, 37, 39-45, 51-52, 64,
    81, 94, 185
우드랜드 53-55, 63, 148, 156, 186
유추 110, 171-173
의도 22, 26, 40, 43, 63, 70, 74, 83,
    96-97, 100-101, 105-108, 133, 183,
    188-189, 199
의학 39, 80-81, 126, 128, 133, 167, 172, 210
이미지 79, 143-144, 147-148, 158, 171,
    174-175, 202, 204
인식 59, 120, 142, 182, 204, 208, 209
    · 그리고 무의식 196-197

· 빈자리에 생겨난 63
· 테스트 130

ㅈ

자오선 179-180
재료 20, 26-27, 40, 42-43, 61, 72,
　　74, 79, 82, 84-85, 88, 91, 93-94, 99,
　　107-111, 122, 145, 154, 157, 169-170,
　　177, 188, 211
　　· ~의 한계 72
　　· 다공질 41-42
　　· 매체로서의 43
　　· 아이디어를 생성하기 위한 99
　　· 언어로서의 108-109
　　· 재료로서의 몸 42-43
　　· 폭풍우에서 27-28, 85, 169
정의 28, 57, 61, 68, 70-72, 74, 76, 82,
　　88-90, 93-95, 99, 108, 129, 148-149,
　　163, 167, 174-175, 200, 206-207, 211
제한 39, 72, 111, 130, 206
주의집중성 52-53
지각 61, 65, 75, 89, 114, 117-123,
　　126, 130-135, 143, 157-158, 177, 211
직관 35, 96, 131, 142-143, 150,
　　154-155, 159, 162, 167, 175, 177-178,
　　182, 196
　　· ~과 동시 발생 178, 180
　　· 앞쪽으로 작용하는

기억으로서의 141-142
진동 95, 124, 133-134
진화 103, 163, 164-166
질문 13, 20, 22, 37, 44, 60, 68, 73, 81,
　　88, 122, 126, 142, 157, 162
집착 끊기 206

ㅊ

천문학 161, 168-169, 180
추론 40, 52-53, 55, 89
추상적인 87, 95, 114, 135, 157-158,
　　172, 189
추상화 114
충동 63-64, 66-67, 70, 73, 155

ㅋ

케스틀러 119, 132, 134, 171-173,
　　179-180, 196, 208-209
클레 46, 107, 154-156, 182

ㅌ

타불라라사 41
통찰 39, 142-143, 149-150, 154-155,
　　159, 162, 182, 188
　　건축, 통찰 도면 참조
　　· ~을 정의하다 142
　　· 앞쪽으로 작용하는
　　　기억으로서의 141

· 확인(동시발생 참조) 182-183

ㅍ
파인먼 71, 201
폭풍우 12-13, 19, 22, 25-29, 33, 35, 37, 41, 66-68, 85, 94, 101, 106, 118-119, 135, 156, 169, 175, 177, 180, 185, 210

ㅎ
학습 무효화 35-41, 45-46, 52, 57, 59-61, 63, 70, 75, 96, 206, 210
한계 72-74, 98-99
해체 12, 23, 93
허용범위 97
현수곡선 109-111, 113
형태 19, 27, 42-43, 46, 60-61, 68, 75, 82, 85, 87-91, 93, 95, 99, 105, 109-111, 113-114, 119, 121, 138, 147-151, 154-156, 169, 171, 175, 177, 180, 185, 196, 204, 207-208
· ~로 나타내다 89

A
Aalto, Alvar 90

B
Bachelard, Gaston 60
Boulanger, Nadia 52

C
Carroll, Lewis 141
Catenary Curve 109
Chopra, Deepak 100

D
DeCredico, Alfred 95

E
Eco, Umberto 202
Edison, Thomas 133
Eliot, T. S. 57
Epictetus 35

F
Feynman, Richard 71
Fitzgerald, F. Scott 56

G
Gaudí, Antoni 59
Gell-Mann, Murray 38

Grotowski, Jerzy 42
Gutenberg, Johannes 172

H
Harding, Rosamond E. M. 189
Hillman, James 174

J
James, William 132
Jobs, Steve 162
Jung, Carl Gustav 177

K
Keats, John 41
Kepler, Johannes 168
Klee, Paul 46
Koestler, Arthur 119
Kubrick, Stanley 170

L
Lescure, Jean 60

M
Metchnikoff, Élie 171
Mussorgsky, Modest 142

O
Ortega y Gasset, José 44
Osborn, Alex Faickney 38

P
Poincaré, Henri 119
Ponge, Francis 21
Pound, Ezra 147

S
Sagrada Familia 59
Schopenhauer, Arthur 178
Smith, Adam 165

T
tabula rasa 41

U
Uccello, Paolo 136
Universal Product Code (UPC) 55

V
Valéry, Paul 130

W
Wegener, Alfred 64
Whitman, Walt 28
Woodland, N. Joseph 52

옮긴이 **정인희·정연희**

정인희는 금오공과대학교 화학소재융합공학부에서 학생들의
창의성을 키우는 교육을 하고 있다. 디자인 과정에 아이디어 발상법을
활용하는 연구 논문도 발표하였다. 서울대학교 의류학과를 졸업하고
같은 학교 대학원에서 석사 및 박사 학위를 받았다.

정연희는 전문 번역가로 일하며 〈아이디어의 발견〉 〈위대한 공식〉 등
창의성과 관련되는 서적을 번역하였다. 서울대학교 영어교육과를
졸업하고 미국 펜실베이니아대학교에서 석사학위를 받았다.

옮긴이들의 공동 역서로 〈재키 스타일〉 〈오드리 헵번, 스타일과 인생〉이
있으며, 〈패션 디자이너를 위한 스타일북〉은 정연희가 번역하고
정인희가 감수하였다. 그밖에 정인희의 저서로 〈패션 시장을 지배하라〉
〈이탈리아, 패션과 문화를 말하다〉 〈패션을 위한 소재기획 워크북(공저)〉
등이 있으며, 정연희의 역서로 〈헬프〉 〈디어라이프〉 〈사랑의 묘약〉
〈에이미와 이저벨〉 〈라운드하우스〉 〈운명과 분노〉 등의 문학작품과
〈인문학의 즐거움〉 〈소녀들의 심리학〉 등의 인문사회학 서적이 있다.

창의성은 폭풍우처럼
THE STORM OF CREATIVITY

초판 1쇄
찍은날   2017년 6월 7일
펴낸날   2017년 6월 19일

지은이   키나 레스키
옮긴이   정인희·정연희
펴낸이   홍상유
디자인   이선이
인쇄   으뜸프로세스

펴낸곳   에피파니
         출판등록 서울 제 2016-000173호
         등록일자 2015년 11월 26일
         주소 04627 서울특별시 중구 퇴계로 162-8, 5층
이메일   epiphanypublishers@gmail.com | 팩스 0505-307-6277
페이스북 @atelier.epiphanie | 트위터 @epiphanydotlife | 인스타그램 @studio.epiphany
홈페이지 epiphany.life

ISBN   979-11-956972-0-5 03500
         17,000원